# 楞嚴經易知錄（上）

默庵法師 著

今之山河大地，高下不平者，
實是我心不平。
若心平，一切山河大地皆平。

# 序

何處非如來藏也人固迷之此大佛頂首楞嚴經所由說也一音演唱理無通塞人固昧之此唯慤諸師疏解所由作也夫台賢並美性相雙收

登羣玉山頭琳瑯錯襍入萬華谷裏錦繡爭姸則又無尚文句矣光緒丙申結夏衡霍與二三子提唱楞嚴諸子以文句義詳而釋經則點示而已唱高和寡徒咨彷年請以

諸疏解補注便初學也余曰可以四月十五日命筆越三月而告成輯草則澄空觀師道階踐師書簡則佛乘圓師懷虛皈師正譌則悅彬文師德安宗師經言諸布施中法

布施最為第一則諸師之功德詎不大哉

南嶽祝聖沙門釋默庵撰於萬古不磨之首楞嚴萬行關中

# 楞嚴經易知錄序

諸佛說言皆良藥也眾生各有妙明真心固皆可以成佛而卒之成佛者尠而造惡業多者何也眾生何病受病之名各殊而撮之或病在見或病在禪夫禪病非

修道而深造之人莫染而是病則幾之尽人而有尽人而有茲病則人人皆惑妄為真妄真顛倒其趨於爭取也必矣而爭取之流良心汩喪大之日　犯殺戒而根底咸昭細之彰行盜婬妄而不知恥與悔殺盜婬妄

既為業因必收劫果在個人則為分業妄見在人羣則為同業妄見此眾生業果世界相續之由來也釋迦憂之故其說楞嚴經也嘗藉阿難之見病七徵心而十顯見漸次使之知見精見元六根互用反聞之性自耳

圓修且由此而親悟親證得菩提
路登妙覺峰何其善醫也雖然
見性之病若是乎其瘳矣而未悟
謂悟未證謂證所謂謬病者可無方以
醫之乎曰有此之藥味為阿難治不
獨為阿難說也當是時我佛說法甫

畢將返矣忽憑几而說五十陰魔大
陰魔何僅五十哉五十種其最著者
狀也攝識歸性滅色還空佛以魔以
察照凝妙其診診之術矣楞嚴譯
筆類以四字為句佛理既奧造語奇
況萄獄說唯有前任默庵大師天台

嫡派摩訶妙宗以為欲廣佛法在
使人人易知於是提挈楞嚴脈絡剖
以干支使全經之母綱子目如庵摩羅
果灼然掌中精選古法解疏以為揭
八識破二執扶如來藏轉凡成聖注腳
又於含意未完之語添助釋言或通

上下文以為句度名曰楞嚴經易知錄凡稍識字而義未明者得之胥能成誦其功德不啻逾於恆河沙法施戊午秋余禮佛甬東七塔寺萬晙上人屬序于余之初讀楞嚴嘗苦其文艱澀竊有譯伸顯出俾人易曉之意以事未遑今是書先

護我心願早佈棗梨使讀者如得珍寶良方轉險為安則由茲以去見病禪病麻病病不痊究竟堅固寶性常住真心成佛作祖其券多矣

民國八年歲次己未仲夏長沙羅傑謹敘

例言

一楞嚴疏解見於傳記者。三十餘家。春蘭秋菊各擅其美。茲錄文句者。以文句闡發三觀。性相圓融。罄無不盡。其科科經判教。逸翮獨翔。洵為萬世師表。

一科經敬依文句。其指疵闢妄。准例畧之。

一經文疑難者。或析文句。或節諸疏。貫於經文上下。使易見也。

一文句釋經畧者。以諸疏補注。

一文句以約教觀心釋者。使人從文入觀。超證無生。可為獨出手眼。照天照地。茲錄畧見一斑。

一引諸解，間有不盡同原本者，或雜異珍，或出愚見，以參差不便標名，非敢掩人之長也。

一茲錄間有從畧者，達意而已

一經解難字，或本音，或别音，謹遵康熙字典考正，或直注，頂注，未可一槩。

# 大佛頂如來密因修證了義諸菩薩萬行首楞嚴經易知録卷第一

南嶽祝聖沙門釋默庵治定

天台以五重玄義通釋諸經。此經以人法為名。夫大佛頂法，即吾人現前一念，豎窮橫徧，不可思議，非因非果之理也。然一切因果，無不依之。如來果人，以此而為密因。故若修若證，無非了義，而果徹因源。諸菩薩因人，亦以此而具足萬行，故根塵識大，一切皆得畢竟堅固，而因該果海也。如來藏妙真如性為體，由法法皆如來藏，故稱為大佛頂也。

不生不滅因果為宗因果皆不生滅故稱密因也離愛得脱為用永離諸愛究竟解脱故號首楞嚴也生酥毒發為教相蓋昔聞實相來至此經方破無明名為毒發乃方等部中圓頓味也

一名中印度那蘭陀大道場經於灌頂部錄出別行通議此別目也印度具云印特伽此云月邦以居諸國之中如星中月故名其土有五此當其一西域之大國也那蘭陀此云施無厭龍名也西域記云庵沒羅國有池池中有龍名施無厭寺近彼池因以為名大道場者西域諸寺獨此最大五天竺

國王同共崇奉。集性相二宗大德沙門居之。佛法多積於此。昔玄奘初至此寺。從戒賢論師習唯識宗。即其處也。灌頂部者。華藏界中。有五方佛所說之法。各有一部。中央毘盧遮那佛為主所說之法。名灌頂部。顯此為報佛所說。故以此名。既標那蘭陀大道場經。則集者可知。按長水疏存此題亦云此經非一時說。

中天竺沙門般剌密諦於廣州制止道場譯

通議此譯人名也。天竺。亦名乾竺。亦名身毒。亦名印度西域國名。梵音楚夏耳。法華釋籤。言楚夏者。京華為夏。淮南為楚。

音詞不同。所詮一異。彼土亦爾。雖同梵音。諸國輕重不無少異。般剌密諦。此云極量。譯師名也。此經西域國王最所寶重。嚴禁不許出境。般剌三藏欲傳震旦。屢竊而來。皆被獲回。後以微妙細氎書之。乃破臂藏於皮中。遂航海而達廣州。唐神龍元年乙丑五月二十三日也。適宰相房融。知南銓在廣。安三藏於制止寺翻譯。而筆授之。此經來之難也。既而翻譯纔畢。以三藏潛來。彼國邊境被責。三藏為解此難。遂回。及房公入奏。又遇中宗初嗣。國方多事。未暇宣布。時神秀禪師入內道場。見而抄寫。遂流北地。大通在內。親遇奏經。

又寫歸度門寺有魏北館陶沙門慧振常慕此經於度門寺得之後愨師於故相房融家得其譯本因而遂傳此經流通之難也昔天台智者大師作止觀成遇一梵師以止觀示之梵師曰此與西域首楞嚴三觀大旨相同大師日夜西望拜求願見而未及見是見此經之難也今幸古今解者十餘家義疏闡幽發明殆盡方今緇白入此法門者不少而學者概視為等閒豈知佛法之難遇哉

烏萇國沙門彌伽釋迦譯語

通議烏萇此云苑國名也彌伽釋迦此云能降伏

翻梵為華。故云譯語。

菩薩戒弟子前正議大夫同中書門下平章事

清河房融筆授

通議菩薩戒弟子者。乃宰官而受菩薩大乘戒者也。戒經云。欲受國王位時。乃至百官受位時。應先受菩薩戒。一切鬼神救護王身。百官之身也。

貫珠。梵語菩薩。此翻覺有情。謂覺自佛性故。上求佛果以自利。覺一切有情皆有佛性故。下化眾生以利人。此泛舉能持戒者。二利之通名也。學在師後曰弟。解從師生曰子。此別標融相學出世法也。

前。舊也。古時國家多事。因立南北選。五品以下官員。皆就南銓。中宗謫融相知南銓在廣。正議。即諫言之官。大夫。大有扶樹人才之能也。同兼也。中書門下。二省名。即左右相府也。中書省多掌王言。門下省多出政事。融相權兼兩省。故並書之。平均也。章。顯也。事。政務法度也。謂均理政務。顯彰法度也。清河。今山東東昌府武城縣也。房融。乃房琯之父。父子俱相。而融事畧出琯傳。

蒙鈔。筆授。或云筆受。謂以此方文體。筆其所授梵本。緝綴潤色。令順物情。不失正理也。

文句，將釋經文，大分為三：初從如是我聞至歸來佛所是序分，次從阿難見佛至第十卷知有涅槃不戀三界是正宗分，後從阿難若復有人至終是流通分。

㊀初序分二：初通序，二別序。

㊁初通序者，證信序也，諸經同有，故名為通，以此六義證成可信，故名證信。六義者：如是二字，顯所信法體成就；我聞二字，顯能聞成就；一時二字，顯機感成就；佛字，顯說法主成就；在室羅筏城等，顯所依說法處成就；與大比丘以下，具列

祇 正韻渠宜切音岐

桓 正韻胡官切音丸

常隨雲集兩類顯同聞眾成就今恐割裂經文不便句讀總科為二一標聞說時處二引大眾同聞

丙一標聞說時處所聞即法體能聞即我所說亦即法體能說即佛也時處可知

如是我聞一時佛在室羅筏城祇桓精舍

文句如是者指法之辭通指下文十卷文義而言亦是信順之義大凡信者則謂是事如是不信者則謂是事不如是今言如是即顯信順也我者阿難自稱此非外道妄計之我亦非凡夫妄執之我

乃深達八自在我。大涅槃經二十云。八自在我者。一能示一身多身數如微塵。二以一塵身滿大千界。三以大千身輕舉遠到。四現無量類常居一國土。五諸根互用。六得一切法而無法想。七說一偈經無量劫。八身如虛空。存沒隨宜。不可窮覈。非我非無我。法華文句記。第一義中非我非無我。而隨世假名稱為我也。聞者。耳根發識。能達音聲現量體性也。八識規矩直解。現量者。現謂顯現。量謂量度。五根對境。分明顯現。依之發識。緣慮度量。雖無隨念計度二種分別。然有自性分別。得彼性境不錯不謬。任運了別。不帶名言也。一時者。機。眾生也。應。如來也。相符。合也。說聽終竟總名一時。佛者自覺覺他覺行圓滿。即是娑婆教主釋迦牟尼。在者。示迹此間。行住坐臥。總名為在。室羅筏城。或云舍衛。此翻豐德。亦翻聞物。亦翻好道。即憍薩羅國之城名也。祇桓者。本是祇陀太子之園。梵語祇陀。此云戰勝。精舍者。給孤獨居士。為佛及僧。所構精修梵行之處也。

賢愚因緣經。舍衛國大臣名須達。居家巨富好喜布施。為兒娶婦。到王舍城見護彌長者舍。辦具飲食。問言今此長者躬自執勞。大設供具將請國王。太子。大臣長者居士耶。答言。不也。謂請佛及比丘僧也。於時須達聞佛僧名。懍然毛豎。如有所得。心情悅豫。往趣世尊。白言。惟願如來。臨覆舍衛。即於道次。二十里作一客舍。安止使人。飲食敷具悉皆堋：集韻，察色切，音測。正法念經：堋，滿充徧也。

頃：丘穎切，傾上聲。

爾足，既還家已，擇得祇陀太子之園，為佛建立精舍。太子戲云：堋布黃金滿，即賣之。長者便欲交付。太子言：我戲語耳。長者共太子欲往訟了。首陀會天化作斷事之者，斷與長者。便敕使人象負金出，八十頃中，（玉篇，田百畝為頃。）須臾欲滿，殘餘少地，一庫金盡。更思取金，太子曰：佛為良田，宜植善種，園地屬卿，樹木屬我，自起門樓，請佛出入。長者七日為佛作窟，以妙旃檀用為香泥，別房住止千二百處，凡百二十處，別打揵椎。（揵，巨寒切。椎，音地，聲論翻為磬，亦翻鐘。資持云：若諸律論並作揵槌，或作揵椎，今須音槌為地。又羯磨疏中，直云揵地，未見椎字呼為地也。後世無知，因茲一誤。佛告阿難，二人同心，共立精舍，應謂此地為逝多樹，給孤獨園。名字流布，傳示後世。

(丙)二引大眾同聞復為三。初聲聞眾，二緣覺眾，三菩薩眾，聲聞是常隨眾，餘二皆雲集眾也。

(丁)初聲聞眾又為三。初示類標記也數，二顯位歎德，三列上首名。

(戊)初示類標數，大比丘是示類，千二百五十人是標數也。

與大比丘眾，千二百五十人俱。

文句，與者，共義，大者，梵語摩訶，具大多勝三義，器量尊重為天王等大人所敬故言大。法華釋籤梵王持葢燈隨陳如後。帝釋持葢燈隨迦葉後。乃至毘沙門天王持葢燈隨劫賓那後。徧知內外經書。故言多。超出九十五種外道。故言勝。今稱為大。即攝多勝二義。比丘含三義。一怖魔。二破惡。三乞士。或翻除饉。廣韻無穀曰飢。無菜曰饉。怖魔者。魔王居第六天。統攝兼也欲界。貪戀塵勞。恐人修道出其境界。若正法住世時。有信心男子。六根具足。年滿二十。無十三重難。亦無十六輕遮。得三師七證。或邊地中得三師二證。如法秉受比丘戒法。正登壇白四羯磨已竟。名為得戒。成比丘性。入僧寶數中。爾時地行羅剎。名義羅剎，此云速疾鬼。高聲唱善。此閻有善男子如法出家，當使諸天增盛，修羅減損。於是空行夜义。名義夜义，此云勇健。聞之亦大聲唱善。聲至四王天。中天復出聲唱善。聲傳忉利，乃至夜摩、兜率、化樂、他化展轉傳至梵天。魔王於宮中聞此唱聲，生大愁怖，故名怖魔。破惡者。出家持戒，則因戒生定，因定發慧，破除身口七支，破除三界見思諸惡也。乞士者。既出家已，永離四種邪命，乞食以資身命，永捨一切邪法，乞法以資慧命也。四種邪命者。一仰口食。謂仰觀星宿。宿，所也。星各止其所，故名星宿也。推步盈虛。推步，即推測歷數之盈虛消長也。以此求食。二下口食。謂種植田園。三方口食。謂干求也謁請見也四方。結交豪貴。四維口食。謂商賈貨殖。行商為商。坐商為賈。貨。財物也。殖。生也。謂易貨財而生利也。此之四事。在家人得為之。出家所不應為。故皆永離也。邪法者。邪戒。邪定。邪慧。邪戒即牛狗等戒。乃至諸天諸仙一切禁戒。不能出生死者。邪定即凡夫外道依欣厭心。所修十二門禪。欣。謂欣上界淨妙。出厭。謂厭欲界苦麤障也。四無量。四禪。四空。為十二門禪也。邪慧即有無二見。十六知見。於五陰計我我所。為我。計陰等眾共而生。為眾生。計一期果報長短。為壽者。計命根連持色心。為命者。計我能生眾事。為生者。計我養育他人。為養育者。計陰等諸法有數。為眾數。計我為人。異餘道。為人。計身力等能有所作為作者計我能役使他作為使作者計我能起造眾福為起者計我能令他起造為使起者計我當受眾報為受者計我能令他受為使受者計我五根能知為知者計我眼根能見為見者名十六知見

**六十二見**

謂於五陰計陰大我小我在陰中也我大陰小陰在我中離陰是我即陰是我四句五陰則成二十句更歷三世成六十加根本斷常成六十二見也

**百八見等**

六根各有三受謂樂受苦受中庸受六塵各有三種謂好塵惡塵平等塵合為三十六約三世論之共為一百八見等者等取單複四見及絕言見也

**今皆永捨惟求增上戒學增上定學增上慧學故名乞士也除饉者清淨持戒能為人世福田能作清淨法施除一切眾生無福無慧二種饉也眾者梵語僧伽此云和合眾和合有二義一理和謂同證擇滅無為二事和謂**

戒和同修見和同解利和同均身和同住、口和無諍、意和同悅、眾者、四人以上之稱、一比丘不名僧、二三比丘、亦不名僧、四比丘同住、能作一切如法僧事、惟除自恣、授具、出罪、三種羯磨、若五比丘同住、即可自恣、亦可於邊方授具、若十比丘同住、則五天竺國便可授具、乃至二十比丘同住則一切羯磨可作、故名和合眾也、千二百五十人者佛初成道、先度鹿苑五人、次度耶舍等五十人、次度三迦葉波千人、次度舍利弗目連等二百人、此千二百五十五人感佛深恩、為常隨眾、今但舉大數也、

俱者師資常爾相隨事和無別眾法和無別理也

(戌)二顯位歎德大阿羅漢句是顯位佛子下十二句是歎德也

皆是無漏大阿羅漢佛子住持善超諸有能於國土成就威儀從佛轉輪妙堪遺囑嚴淨毘尼弘範三界應身無量度脫眾生拔濟未來越諸塵累

文句無漏者無欲漏無有漏無無明漏諸惑斷盡也大亦具大多勝三義如前說阿羅漢含三義一應供義即乞士果二殺賊義即破惡果三無生義即怖魔果當知比丘三義通於因果此三唯在果

通明禪名有九種解脫亦禪名有八種義見法數

也又羅漢有三種修性念處斷見思惑但得漏盡不具神通名慧解脫人修共念處斷惑證眞具足三明六通及八解脫名俱解脫人修緣念處斷惑證眞具足通明解脫兼發四無礙辯名無疑解脫人今是無疑解脫故稱大也佛子以下十二句總別歎德佛子住持善超諸有是總歎戒慧二德能於國土下十句是別歎戒慧也佛子者從佛口生從法化生故名佛子若言二乘斷惑證眞是佛眞子菩薩伏惑未斷子義則踈是藏教義若言三乘皆斷惑而二乘無大悲心子義則弱菩薩大悲增

上。能紹佛種子。義則強。是通教義若言菩薩徧行諸佛所有道法。名為佛子。二乘自度。如客作賤人。是別教義若言初發菩提之心。即是佛種如輪王太子。初入胎時即聖王種。是圓教義也住者安住不動持者。住持不失若言住木义戒持生滅四諦法輪。即藏教義若言住真諦戒持無生四諦法輪。即通教義若言住三聚戒持無量四諦法輪。即別教義若言住一心無上妙戒持無作四諦法輪。即圓教義。若言非非想處報盡還墮。大論。鬱陀羅伽仙人。得五神通。飛到國王宮中食。王大夫人。如其國法接足而禮。夫人手觸。即失神通。從王求車乘駕而出。還其本處入林樹間更求五通一心專至垂得而樹上有鳥急鳴以亂其意捨樹至水邊求定復聞魚鬭動水之聲此人求禪不得即生瞋恚我當盡殺魚鳥此人久後思惟得定生非有想非無想處於彼壽盡下生作飛貍殺諸魚鳥造無量罪墮三惡道不名善超出三界獄乃名善超即藏教義若言畏三界為實有雖超不善知三界即空乃名善超即通教義若言不惟超同居三有亦超方便三有亦超實報三有故名為善即別教義若言三土皆即常寂光非超非不超而論於超故名為善即圓教義也次能於國土成就威儀是別歎戒德從佛轉輪妙堪遺囑是別歎慧德嚴淨毘尼弘範三界是廣歎成就威儀德謂不惟

成一國威儀乃徧為師範於三界也應身無量度脫衆生是廣歎從佛轉輪德謂不惟從一化佛轉輪乃同佛應身無量也拔濟未來越諸塵累是廣歎妙堪遺囑德謂不惟護持正法像法乃悲願盡於未來也約教者若但指五天竺國為國土指別解脫戒為威儀指生滅無生四諦為輪指同居為三界指百億為無量等即藏通義若徧指華藏為國土指三聚為威儀指無量無作四諦為輪指四土為三界指橫徧為無量等即別圓義觀心者若觀心因緣生法成就同居國土威儀從劣應佛轉

生滅輪、弘範同居三界、乃至拔濟未來越同居塵累、若觀心因緣即空、成就同居方便二種國土威儀、從勝劣應佛轉無生輪、弘範同居方便二種三界、乃至拔濟未來、越二土塵累、若觀心因緣即空即假、成就同居方便實報三種國土威儀、從勝應佛轉無量輪弘範三種三界、乃至拔濟未來越三土塵累、若觀心因緣即空假中、成就同居方便實報寂光四種國土威儀、從法報佛轉無作輪弘範四種三界、乃至拔濟未來越四土塵累、

㊀戊 三列上首名

其名曰大智舍利弗摩訶目犍連摩訶拘絺羅富樓那彌多羅尼子須菩提優波尼沙陀等而為上首

文句大智者聲聞眾中智慧第一也舍利此云鶖鷺尊者之母明目似之故以為名弗者子也即是從母立稱正名優波提舍摩訶目犍連此云大采菽氏尊者姓也名拘律陀西域樹名禱此樹神而生故以為名神通第一摩訶拘絺羅此云大膝即舍利弗之母舅亦號長爪梵志論議第一富樓那此云滿是其父名彌多羅尼此云慈是其母名雙標父母以名其子故稱為滿慈子說法第一須菩

提此云空生亦云善現亦云善吉解空第一優波尼沙陀此云塵性空為上首者於佛是弟子於千二百五十人則是師表也

㊜ 二緣覺眾

復有無量辟支無學并補明切，同也，兼也其初心同來佛所屬諸比丘休夏自恣

文句辟支有二種一者出無佛世自悟無生名為獨覺二者出有佛世稟受也持也因緣教修行得道名為緣覺今即緣覺眾也無學者所作已辦之稱初心者發意修緣生觀即是有學人也屬者遇也休

夏者、三月夏安居已竟也、

盂蘭盆經新疏、自恣者、梵語鉢剌婆剌拏、譯為隨意、即是隨他於三事之中、任意舉發說罪除愆之義、舊云自恣、乃義翻耳、其辭曰、大德衆僧、今日自恣、我某甲比丘亦自恣、若見聞疑罪、大德長老哀愍故語我、我若見罪當如法懺悔、各各次第如此三說、受自恣已、名為安居事訖、孤山曰、自恣律開三日、七月十四、十五、十六也、

摭華鈔、律中以七月十六日、是比丘五分法身生來之歲、則七月十五日是臘除也、比丘出俗、不以

俗年為計。乃數夏臘耳。

(丁)三菩薩為二。初夏終時集。二聞音遠集。

(戊)初夏終時集

十方菩薩。九旬禁足。莫由觀佛。故於休夏咨問請決心中之疑情也。欽恭敬也奉遵承也慈嚴。解見後將音鏘請也求密義。即時如來。敷尼師壇於法空之座宴安而坐。先以定動也。因眾心疑。故為諸會中。宣示深奧而決其疑。後以智拔也。法筵席也清眾心疑盡決。故俱得未曾有之深益也。

文句。此正承上屬諸比丘休夏自恣之時。故不惟辟支咸集。而十方菩薩亦皆乘此咨決心疑也。慈嚴者。佛之慈悲如母。威嚴如父也。密義者。密妙之義所謂三德秘藏。又末經法華開顯。且合一類大機。密默先得其益。即所謂秘密教也。深奧。即秘密義。明非淺露之說。此文雖屬通序。已與諸經不同。大似欲說法華。先說無量義也。

(戊)二聞音遠集

迦陵仙音。徧十方界。恒沙菩薩。來聚道場。文殊師利而為上首。

文句。迦陵頻伽。鳥名。音聲最妙。以喻佛說法音。更加以仙字者。意顯佛之妙音。僅用迦陵。固不足以喻之。僅用仙字。亦不足以喻之也。又佛名大覺金仙。故稱仙音。佛之音聲。稱性周徧鐵圍諸山所不能障。但有緣者。皆得共聞。今欲覺悟諸菩薩故。所以徧至十方界也。文殊師利。此云妙吉祥。亦云妙德。正表眾生根本實智。故下文將咒往護。選擇圓通。請結經名。莫不由之。前舍利弗表於權智。權實二智。是自利利他之本。故並為二處上首也。通序竟。

㊁二別序者。發起序也。諸經各各不同。故名為別。以此因緣。淩發大教。故名發起。分文為二。初示墮因緣。二神咒護攝。

㊀丙 初中三，初佛僧應供，二阿難等乞，三姪室誤墮。

㊁丁 初佛僧應供

時波斯匿王，爲其父王諱日，營（治）齋（供）請佛宮掖，自迎如來，乃廣陳設珍（貴之）饈（熟食也，亦進滋味也），無上妙味，兼復親延（請也）諸大菩薩。城中復有長者居士，同時飯僧，佇佛來應。佛敕文殊，分（身）領菩薩及阿羅漢，應諸齋主。

文句：波斯匿，此云月光，與佛同時降生，父王見諸光明祥瑞，謂是其子福力所致，故以命名，亦翻勝軍，即舍衛國王也。諱日者，父死之日，人子所不忍言，故名諱日。掖者，宮中左右，名爲掖庭。

長水疏十德具足三品居財故云長者居士十德者一姓貴二位高三大富四威德五智深六年耆七行淨八禮備九上歎十下歸三品者彼土數法萬萬為一億此為下品十億為中品百億為上品也又守道自怡寡欲蘊德故曰居士餘如文

㊁二阿難等乞

惟獨也有阿難先受別請遠遊未還歸也不遑僧次既無上座及阿闍黎途中獨歸其日無供即時阿難執持應器於所遊城次第循順也順佛軌儀而乞食也心中初念王臣已延佛僧今求從未發心者作王臣最後發心之檀越以為今日齋主無問

淨穢刹利尊姓釋淨字及旃陀羅釋穢字方法也法行如來平等之慈故不擇其微薄貧家卑賤婬室蓋發意圓成一切眾生無量功德也阿難已知如來世尊訶斥也須菩提及大迦葉為阿羅漢心不均平欽仰如來昔訶之訓開闡無遮度諸疑謗經過也彼城隍說文城池也有水曰池無水曰隍徐安詳也步郭門城門也嚴整威儀肅恭齋法

文句阿難此云慶喜白飯王子佛之堂弟成道日生故名慶喜也別請者請有二種一僧次請二別請也大乘律中戒受別請梵網經第二十七受別請戒若佛子一切不得受別請利養入己而此利養屬十方僧而別受請即是取十方僧物入己云云戒別請僧

第二十八別請僧戒。若佛子。有出家菩薩。在家菩薩。及一切檀越請僧福田求願之時。應入僧坊問知事人。今欲請僧求願。知事報言。次第請者。即得十方賢聖僧。而世人別請五百羅漢菩薩僧。不如僧次一凡夫僧。若別請僧者。是外道法也。七佛無別請法。云云。毘尼藏中。不一向戒於受別請。除病時。行時。作衣施衣等時。無犯。於別請僧。但令僧中次第通請一人。餘皆別請無犯。令值自恣。即是施衣時到。故阿難得受別請而遠遊未還也。逞及也。不逞者。但是先已出界。今猶未及歸僧伽藍。故不預眾僧受供之輪次。二楞。應供常規。輪次而出或是受一日法。乃至受七日法。百一羯磨。出界者。向僧白云。長老憶念某甲比丘。是中夏安居。有緣事出界。受七日法。還是中安居。是中自恣。如是第二第三說。

皆不可知斷斷不可作破夏解、以備考律中、阿難無破夏事故也、上座者、梵名悉替那、五分律、佛言、上更無人、名為上座、此有三種、一生年上座、戒臘最高、毘尼母、從無夏至九夏、是下座、自十夏至十九夏、是中座、自二十夏至四十夏、是上座、二福德上座、大福大慧、眾所推敬、三法性上座、謂阿羅漢、阿闍黎、此云軌範、堪與僧中作軌範也、南山鈔、隋言正行、能糾正弟子行故、共有五種、一出家阿闍黎、授沙彌十戒法者是、二教授阿闍黎、受具時屏處問遮難、及教令乞戒者是、三羯磨阿闍黎、受具時當壇白四羯磨者是、四依止阿闍黎、所從受依止、乃至一夜者是、五教讀阿闍黎、所從受經若解義乃至一四句偈者是律中比丘五夏未滿不得暫離依止今阿難十夏已滿故得無上座阿闍黎而獨行也應器者梵名鉢多羅以體色量三皆應法故名應器體則或瓦或鐵色則熏如鳩鴿量則隨腹大小極大不過三升極小不過升半也檀越者檀即是施由行施故越貧窮海故稱檀越言最後者以王及長者居士已先發心徧請佛僧今若發心請阿難者即是最後之檀越也

剎利此云王種肇曰秦言田主劫初人食地肥轉食自然粳米人情漸偽各有封殖遂立有德者處平分田地王者之始故承為名焉四姓中尊是為最淨旃

陀羅此云殺者。翻譯名義。正言旃荼羅。此云嚴熾。謂惡業自嚴。行時搖鈴。持竹為標幟故。若不爾者。王必罪之。法顯傳名為惡人。與人別居。入城市則擊竹自異。人則避之。四姓不齒。列也。言不敢與四姓列坐也。是為最穢。舉此二種以明無簡擇也。發意圓成一切眾生無量功德者。有二意。一謂等心而乞。等心而施。則於食等者。於法亦等。

天台維摩疏釋此為二。一約事。二約理。今且約理。以理必具事。故事則不出慈悲觀行也。疏引大品云。一切法趣味。是趣不過。味尚不可得。云何當有趣非趣。今言一切法趣味。味即法界。含一切法。食有故法有。食無故法無。食不可得故。則尚不見有。云何有趣。尚不見無。云何有非趣。即是中道三昧。真禪悅食。而能通達趣非趣。雙照二諦。是名法食平等。又諸法等者。一切諸法趣陰入界。乃至一切種智。陰入界一切種智不可得。故云何當有趣非趣。而宛然具足。趣及非趣。則一切諸法皆具三諦。

如大論謂剎那三相。是為諸法。亦等。則乞者施者。一一無非法界。故能圓成無量功德。二謂王及長者居士。如此殷勤設供。假使阿難一日失食。則功德不全。若得最後發心之人。獨供阿難。則并王臣等一切衆生。所有功德皆得圓成也。阿難已知下。正顯所以方行等慈之繇。繇知佛曾訶二尊者。故今欽仰而行無遮大道也。以須菩提捨貧從富。一謂富者易施。大迦葉捨富從貧。一謂貧者植因。雖各有所見。總未合於無遮障之法門。總不免於啓人疑謗。二楞。言疑謗者。若專向貧家。則富者疑之曰。是必詭名乞食者。非佛弟子也。若專向富家。則貧者謗之曰。是必竊慕聲勢者。非佛弟子也。今恪敬也遵明訓攝護威吹毛求疵，有云吹開毛孔求疵，失考，無稽之談，不足用。

儀，固是乞食常規，比丘正式，阿難誤墮之過，誠不因此，後世講解，遂欲於此吹毛求疵，碧崖集，吹毛，姻名，漢書中山靖王勝傳，令或無罪，為臣下所侵辱者，殆有司吹毛求疵也歟，夫嚴整威儀，肅恭齋法，以斯行乞，物無不從，仰效尊儀，足成令則，何乃無罪求罪，豈誣罔謗也尊者，亦太酷甚也矣哉。

## ㊀三婬室誤墮

爾時阿難，因乞食次，第經歷婬室，遭大幻術，摩登伽女，以娑毘迦羅先梵天咒攝，說文，引持也。亦鉤攝也。入婬室牀席，婬女之躬，逼近阿難，而撫摩之，將欲毀其戒體。

文句：摩登伽，此云本性，未蒙咒力，性本染汙，已蒙咒力。性本解脫。故始終皆名本性也。娑毘迦羅此云黃髮外道。（應法師云。食米膌外道。縛二指。往舂簸處。以縛指取米屑聚掌中為食。亦名鵄鵂外道。拾米如鵄鵂行也。）所傳幻咒。名先梵天。（師事梵天。而得此咒。）亦如此間黃冠羽士。動稱太上老君者是也。戒體者。登壇秉白四羯磨竟所得妙善無漏色法。即是無作戒體。以一作之後。不俟再作。故名無作。若於四重禁中。隨犯一重此體則失。今摩登伽女。將以婬術而毀阿難之戒體。非謂阿難自欲毀也。據摩登伽經中。阿難念云。如來大慈寧不救護。以此為感佛咒護之機。此經亦云。心清淨故尚未淪溺。又云心雖明了力不自由則阿難始終無過明矣又此誤墮雖繇次第行乞而過誠不在次第行乞但在聞法不觀心未全道力耳夫阿難以大權示迹欲浚深也發大教而以示墮婬室為因緣者正顯生死根本婬為第一不斷婬機永違出要多聞尚自無益況無聞乎除是從聞思修塞源拔本方能脫死超生此勸修之要旨也

(丙) 二神呪護攝又三初大悲鑒物恒不忘念二放光說呪表示密因三文殊往救破邪歸正

(丁) 初大悲鑒物恒不忘念

如來知彼阿難遭婬術所加、持也齋畢旋歸、王及大臣、長者居士、俱來隨佛、願聞法要、

文句、知之一字、即是如來寂而常照、於一切時得不忘念也、據摩登伽經中、則係阿難作念、方感於佛、今直但也明佛本了了常知、不俟阿難作念方知、然知雖不藉阿難作念、而必係彼作念、方成感應、又如來不但能知阿難作念、亦知大眾必皆藉此均沾法味、亦知盡未來際、係此經咒作得度緣也、王等俱來隨佛者、以如來常式受齋既畢、必為說法、今既旋歸、知其必有他緣、將演大法、故皆願聞

也。

(丁)二放光說咒表示密因

於時世尊頂放百寶無畏光明。光中出生千葉寶蓮。有佛化身。結跏趺坐。宣說神咒。

文句。百寶無畏光明者。表百界中安樂之性本智之明也。千葉寶蓮者。表一念千如之法也。又頂相表諸佛極果。蓮華表實相妙因。今華從頂出。表因心不離果覺。佛坐華中。表果覺全在真因。因該果徹。故名表示密因

大論。結跏趺坐者。諸坐法中。結跏（與加同）趺（風無切足也正）

作跗坐最爲安隱，不疲極，攝持手足，心亦不散，易入三昧，故佛教諸弟子結跏趺坐也。

(丁)三文殊往救破邪歸正

敕文殊師利將持也咒往護，使惡咒銷滅，提獎阿難及摩登伽，歸來佛所

文句：夫五會神咒，即是密詮如來藏性，藏性威力，不可思議，何須更藉文殊？又文殊既表衆生根本實智，用此本有智光，無障不破，何須更將神咒？當知大有所表，以神咒所詮藏性，即阿難及登伽等正因理性之體；文殊妙智，即阿難等了因慧性之

果。五會章句。即阿難等緣因善性之用。是故能令惡咒銷滅也。提者。提拔其正因之在纏。獎者。獎助其緣了之欲發。阿難登伽既是有心。有心者。皆得作佛。名為正因。阿難一點明了求救之心。是善了因。所持無作清淨之戒。是善緣因。登伽一點熾然婬愛之心。是惡了因。所作婬躬撫摩之事。是惡緣因。令蘇釋迦心內阿難登伽。以此善惡兩機而為能感。故得阿難登伽心內釋迦。以此稱性緣了而為能應也。法界觀。一入一切。一攝一切。一切攝一。一切入一。故釋迦心內有阿難登伽。而阿難登伽心內有釋迦。乃成感應也。然釋迦心內之阿難登伽。屬於無漏。而阿難登伽心內之釋迦。

屬於有漏。直待阿難登伽斷惑證真。方稱無漏。庶心外無法。法外無心矣。學者不可不知。別序竟。

㊙甲 二正宗分分文為六。初顯如來藏妙真如性圓三諦理。從阿難見佛。至第四卷尚留觀聽止。此普為博地凡夫開圓頓解。俾利者隨聞隨證。鈍者依解起行。故須云顯圓諦理也。二示不生滅為本修因妙三觀門。從第四卷阿難請入華屋至第七卷菩薩護呪止。此躡前圓解以起圓行。所謂正助兩行。雖云兩行。仍以正行為主助行秖是助其正行。俾利者一超直入。鈍者漸次深入。故須示妙觀也。三明正助行所成伏斷圓三德位。從七卷阿難請問位次。至第八卷名為邪觀止。此躡前圓行。以成圓

伏斷，從始至終，皆顯三德，所謂觀行三德，相似三德，分證三德，究竟三德，故須云明圓位也。

四結成經名，以彰明圓體圓宗圓用，即第八卷中文殊問名，如來結答止，有八行經也。五借破戒惡法為問端，而廣示七趣，差別意顯若無出世妙戒，決無出世妙慧，從八卷說是語已起，至九卷即魔王說止也。六借無聞比丘為語端，而備明五陰魔境，意顯若無中道妙慧，并失中道妙戒，從九卷即時如來將罷法座起，至第十卷不戀三界止也。

㊠初顯如來藏妙真如性圓三諦理為二，初三卷

文正明理性。二富樓那問去有半卷。廣破餘疑。

（丙）初中四。初當機悔請。二大眾願聞。三如來答示。四大眾圓悟。

（丁）初當機悔（恨也）請

阿難見佛。頂禮悲（痛也）泣（哭也亦淚也）恨無始來。一向多聞未全道力。殷勤（誠之至也）啟請十方如來得成菩提妙奢摩他。三摩禪那。最初方便。

文句多聞本是入道之緣。只因不能從聞思修。故名一向多聞。便如說食數寶。而未全道力也。當知只此聞之一字。阿難以多。而無救婬室之難。四禪以無而自取墮獄之殃觀音以思修而善成圓通之證可謂流轉生死安樂涅槃惟此耳根更非他物矣後世見阿難悔責一向多聞即羣然以多聞為召禍之端更欲一向訶棄教乘勸離文字則仍蹈無聞比丘覆倒之轍車行之迹也夫無聞之車既覆於前矣未可循之為法也學者當觀近明師時時聞於未聞以求出二死可也然則不知多聞何過過在一向耳一向者正指等與釋迦於空王佛所同時發心言之也從是以來以分別心執著語言文字所謂尋聲流轉不知反聞聞自性也若能從聞思修則聞多故思修亦多便是入道要門下文特選觀音耳門正示阿難以就路還家法耳倘令

多聞決定可廢則乘此殷勤啟請何不直授以一句簡便工夫豈不千了百當而仍費盡老婆舌頭說至三卷之多方使阿難悟法身耶閱是經者亦可以深思矣菩提者有真性菩提有實智菩提有方便菩提正因理心究竟明顯成真性菩提了因慧心究竟明顯成實智菩提緣因善心究竟明顯成方便菩提三非定三一非定一即一而三即三而一故以妙奢摩他三摩禪那為方便也奢摩他者寂靜義也於三止中即體真止於三觀中即入空觀又可總以三止為奢摩他蓋二邊皆屬煩動

中道方名寂靜故也。三摩鉢提者。觀照義也。於三止中。即方便隨緣止。於三觀中。即出假觀。又可總以三觀為三摩鉢提。蓋二邊皆屬幻相。中道方名永離故也。禪那者。寂照義也。於三止中。即是息二邊分別止。於三觀中。即是中觀。又可總以止觀不二。而為禪那。蓋不惟中道寂滅。二邊亦本寂滅故也。若次第三止三觀。則名為麤。若一心三止三觀。則名為妙。若止非即觀。觀非即止。則名為麤。若止觀不二。則名為妙。又三若定三。則不名妙。一若定一。亦不名妙。今三不定三。一不定一。即一恒三。即三恒一、非一非三、而三而一、故名為妙、今阿難所問、正惟問此、圓頓、止觀、如來所答、亦惟答此圓頓止觀、從始至終、更無異趣也、最初方便者、若據問意、必要求一吃緊下手工夫、安敢先有成心、若據答意、應須的指徵心辨見、以開圓解、是為最初方便、且如圓覺經中一一指云此方便者、名奢摩他等、則知妙奢摩他、三摩、禪那、乃是得成菩提方便、而三章之首、一一先標悟淨圓覺四字、則知妙悟又是奢摩他等方便、所以名為最初也、此經則第二大科首明二決定義、而結重於耳根圓通、方是酬其妙奢摩他。三摩。禪那之請。今於第一大科首明二種根本。而備顯夫如來藏性。正是酬其最初方便之請急先務也。

㊀丁 二大眾願聞

於時復有十方如來國中。恒沙菩薩。及諸十方大阿羅漢。辟支佛等。俱願樂聞。退坐默然。潔己虛心。收視返聽。承受聖王宣說一心三觀之妙旨。

文句。圓頓妙法。三乘聖眾之所共仰。不惟化被凡夫也。

㊀丁 三如來答示二。初從今文至十八界畢。是就事

以顯理次七大文是明性本具相。

㊉戊 初中二。初逐破妄執密顯真心。二顯示妙理兼破餘妄。

㊉己 初中三。初徵其發心本因。二示以常心直道。三廣破七番妄計。

㊉庚 初又二。初如來問。二阿難答。㊉辛 今初

佛告阿難。汝我同氣。類也 情均。同也 天倫。當初發心。於我法中。見何勝相。頓捨世間深重恩愛。

文句。阿難是佛堂弟。乃世間骨肉之親。故名同氣。情均天倫者。父子兄弟。名為天合之倫。今明情與

同胞無異，故言均也。深重之恩，莫過父母；深重之愛，莫過妻子。若不見佛法殊勝，豈能頓捨？但所見佛法雖無二境，而能見之心，須辨真妄，故今欲示菩提果體，先問發心初因也。

㊁二阿難答

阿難白佛：我見如來三十二相，勝妙殊絕，形體映徹，猶如瑠璃。常自思惟，此相非是欲愛所生。何以故？非欲愛生耶。良以父母之欲氣麤濁腥雞膏臭也。臊豕膏臭也。言欲氣之麤濁如此，足使人厭離也。交遘者，易曰男女遘精，萬物化生，則膿血雜亂，惡露不淨，此為甚，故莫不能發生勝淨妙明紫金光聚之身。是以思渴瞻仰，而起忻慕，從佛剃落。

大涅槃經二十九云。三十二相者。佛告師子吼。若菩薩摩訶薩持戒不動。施心不移。安住實語。如須彌山。以是業緣。得足下平如匳（力鹽切）底相。若菩薩摩訶薩。於父母所。和尚師長。乃至畜生。以如法財供養供給。以是業緣。得成足下千輻輪相。若菩薩摩訶薩。不殺不盜。於父母師長常生歡喜。以是業緣。得成三相。一者手指纖長。二者足跟（音根）長。三者其身方直。如是三相。同一業緣。若菩薩摩訶薩修四攝法。攝取眾生。以是業緣。得網縵指。如白鵝王。

若菩薩摩訶薩。父母師長。若病苦時。自手洗拭。捉持按摩。以是業緣。得手足輭。若菩薩摩訶薩。持戒聞法。慧施無厭。以是業緣。得節踝（胡瓦切）膞（癡凶切）滿。身毛上靡。若菩薩摩訶薩。專心聽法。演說正教。以是業緣。得鹿王腨。（豎兗切）若菩薩摩訶薩。於諸衆生。不生害心。飲食知足。常樂慧施。瞻病給藥。以是業緣。其身圓滿。如尼拘陀樹。立手過膝。頂有肉髻。無見頂相。若菩薩摩訶薩。見怖畏者。為作救護。見裸跣（蘇典切）者。施與衣服。以是業緣。得陰藏相。若菩薩摩訶薩。親近智者。遠離愚人。善喜問答。掃治行路。

以是業緣皮膚細軟身毛右旋若菩薩摩訶薩常
以衣服飲食臥具醫藥香華燈明施人以是業緣
得身金色常光明耀若菩薩摩訶薩行施之時所
珍之物能捨不吝不觀福田及非福田以是業緣
得七處滿相若菩薩摩訶薩布施之時心不生疑
以是業緣得柔軟聲若菩薩摩訶薩如法求財以
用布施以是業緣得缺骨充滿師子上身臂肘傭
纖若菩薩摩訶薩遠離兩舌惡口恚心以是業緣
得四十齒白淨齊密若菩薩摩訶薩於諸眾生修
大慈悲以是業緣得二牙相若菩薩摩訶薩常作

是願有來求者隨意給與以是業緣得師子頰吉協切若菩薩摩訶薩隨諸衆生所須飲食悉皆與之以是業緣得味中上味若菩薩摩訶薩自修十善兼以化人以是業緣得廣長舌若菩薩摩訶薩不說彼短不謗正法以是業緣得梵音聲若菩薩摩訶薩見諸怨憎生於喜心以是業緣得目睫子葉切紺色若菩薩摩訶薩不隱他德稱揚其善以是業緣得白毫相夫三十二相諸經出入前後互有不同姑准涅槃出之從因克果足以啟人信向也合轍勝妙殊絕者超萬有而首出曰勝處五濁而不

染曰妙，混衆形而獨異曰殊，在諸聖而特尊曰絶，形體映徹猶如瑠璃者，長短大小曰形，百骸四肢曰體，內外洞明曰映徹，故以瑠璃為喻也，文句，發心之緣，本無邪曲，但恨其不曾識得自心耳，故下文徵云，誰為愛樂，乃至以何為心，當我拳曜，只是破其所執之心為非，不是說其見相發心為咎也，

(庚)二示以常心直道又二，初點示常心，二勸修直道，(辛)今初

佛言見相割愛，乃決烈丈夫所為，何善如之，故與而進之曰，善哉也阿難，汝等

當知一切眾生從無始來生死相續皆由不知常住真心性淨明體用諸妄想此想不真故有輪轉

文句將欲破妄顯真故先與一口道破也生死有二種一分段生死惟局同居三界二變易生死通於方便實報二土不知者無始覺智也常住真心者本覺之理從來真實當體絕待豎窮橫徧也性淨者本來離過絕非無染汙也性明者本來虛明洞徹無昏翳也圓具此三妙義而為其體故名常住真心性淨明體也用諸妄想者由不知心體常住故用無明妄想由不知心體性淨故用塵沙妄

想由不知心體性明故用見思妄想也此想不真者迷常住為無明故無明不真迷性淨為塵沙故塵沙不真迷性明為見思故見思不真蓋衆生無始以來但有本覺未有始覺所以真如不守自性舉全體而成妄想所謂不變隨緣然只此妄想別無自體即以真如為體所謂隨緣不變今欲奪其妄計故曰此想不真也實非離真別有妄想設別有妄想則妄想反有自性而不可破矣故有輪轉者無明塵沙不真故有變易輪轉見思不真故有分段輪轉也

㊀辛二勸修直道

汝今欲研無上菩提真發明性應當直心詶我所問十方如來同一道（路也）故出離生死皆以直心心言直故（孤山曰言者心之聲由心直故所言直也）如是乃至終始地位中間永無諸委（於為切）曲相

文句研者窮源究本之義真發明性者無上菩提雖是諸佛所證實是含靈本有之性但在纏名為隱覆出纏名為發明今欲其稱性而發明必須研窮審究而欲研窮審究此性必須直心直心者起信所謂正念（一心三觀也）真如（一心三諦）是也終始地位者

始從名字。終。至究竟。中間者。即是五十五位真菩提路。雖有諸位淺深不同。而因果無非實相。不似前三教之紆曲。故言永無諸委曲相也。只此直心二字。已將楞嚴大定宗旨。和盤托出。阿難示同未悟。不能薦取。故起七處妄計。一一無非顛倒戲論。心言皆不直矣。

(庚)三廣破七番妄計即為七。初正破計內。二破轉計在外。三破轉計潛根。四破轉計見內。五破轉計隨生。六破轉計中間。七破轉計無著。

(辛)初中五。初徵起緣心。二喻明降伏。三牒其內執。

四懸示定名，五正破非內。㊀今初

阿難，我今問汝，當汝發心緣（由也）於如來三十二相，將何所見，誰為愛樂。阿難白佛言，世尊，如是愛樂，用我心目，由目觀見如來勝相，心生愛樂，故我發心，願捨生死。

文句如來徵問中，最重將何所見，誰為愛樂二句。後世宗門問念佛的是誰，即是得此作用。所謂捉賊要見贓也。答中招出心目二字，乃是下文徵心辨見張本。以妄心難除，故須七番廣破，而目妄處，只須門能見不，不死，皆見物，二語帶破便足以真見難顯，故須十番細辨，而心真處只須如是見性是心非眼，一言點明便足。

(壬)二喻明降伏

佛告阿難，如汝所說，真所愛樂，因於心目，若不識知心目所在，則不能得降伏塵勞，譬如國王，為賊所侵，七林切，春秋胡傳，潛師掠境，曰侵。發兵討除，討，治也，亦除也，謂發兵討治有罪，使之除惡也。是兵要當知賊所在，使汝流轉，心目為咎。過也。

文句，阿難妄計之目，決不能有所見，妄計之心，決不能生愛樂，以目是浮塵，心是緣影故也，而阿難則謬以為決能有見，決能愛樂，所謂認物為己，顛倒甚矣。國王譬本覺，賊譬所妄計之心目，兵譬始覺妙觀察智。葢本覺雖被賊侵，而眞如自性之力，法爾能起始覺之智，譬以發兵也。知賊所在者，賊無自巳窟宅，不過就是王土王民，但因失於撫御，撫撫慰勉也，御統也，王者失其統，則不克慰勉海內。致成巨寇。若能如法招安，招，手呼也，招之來，使安其業。則依舊王土王民，實更無賊可得。唯心與目，亦復如是。若知浮根緣影，總屬惟心所現。能現既是眞如之心，而所現安得非眞如之心者歟。故曰則淨根原不是目，緣影原不是心也。豈非蕩蕩之大地。歸於王化，何處更有塵勞可得耶。今之使汝流轉者，祇因非心妄計為心非目、妄計為目、故成咎耳。

(壬)三牒其內執又二、初正牒、二立例。(癸)今初

吾今問汝、惟心與目、今何所在、阿難白佛言、世尊、一切世間十種異生、同將識心、居在身內、縱目而觀如來青蓮華眼、熏聞云、青蓮華眼、天竺有青蓮華、其葉修而復廣、青白分明、有大人目相、故以為喻、亦秖在佛面、我今觀此浮根四塵、秖音支適也在我面、如是識心、實居身內。

文句、十種異生者、於十二類生中、但除精神化為土木金石、及空散銷沈二種、暫同無心之物、餘十種皆現有心識也、計心在內、則廣引十生為證據。

計眼在面，則高引如來為證據，確哉凡外邪執。阿難示同而克（能也）肖（似也）之。

檇李鈔，浮根四塵，即外五根，名浮塵根。（浮，謂麤浮，塵以染汙為名，染汙真性故，根以能生為義，能生五識故。）然內五根，皆清淨四大所造，屬不可見有對色也。又內外五根，皆具八法所成，能造四大，地水火風，所造四塵，色香味觸。令浮塵眼根中，能造四大性不可見，故指所造也。

㊀癸 二立例

佛告阿難，汝今現坐如來講堂，觀祇陀林，今何所在。

世尊，此大重閣清淨講堂，在給孤園，今祇陀林，實在堂外。阿難。汝今堂中。先何所見。世尊。我在堂中先見如來。次觀大眾。如是外望。方矚（之欲切。音燭。視也。）林園。（義海。此定見之先後者。將欲徵破阿難在內之心。決不能如此次第見故。）阿難。汝矚林園。因何有見。世尊。此大講堂。戶（六書精蘊。凡室之口曰戶。）牖（說文。穿壁以木為交窗也。）開豁。（歡入聲。虛也。言推開戶牖。使之虛豁。）故我在堂。得遠瞻見。

文句。此以阿難自身。例心。以如來大眾。例肝腸脾胃等。以戶牖。例眼。以園林。例身外諸物也。在文易知。

㊀四懸示定名

爾時世尊。在大眾中。舒（伸也）金色臂。（佛身紫金光聚。晃乎昱乎。雖百千日不足為喻，故名其臂，曰金色也。摩阿難頂。長水疏，此有三意，一安慰其心，令無恐懼，二囑其諦受，令無忘失，三示令許說，無有虛妄，故舒其手，現慈相也。告示阿難，及諸大眾，有三摩提，名大佛頂首楞嚴王，具足萬行，十方如來，從此一門超出，而達果海，故復以此一門，而為妙莊嚴路也。汝今諦聽。阿難頂禮伏者，示敬也。受慈旨者，敬受慈音妙旨也。

文句，欲破妄計，先唱大定之名者，以妄情破處，真性全彰，若利根人只須內計一破，覓心了不可得，便得心安。心安即是首楞嚴王三昧。鈍根執重，故破內必轉計外，乃至展轉起於無窮計度。阿難示同未悟，曲寫在會，及末世迷情，俾如來方便破顯，究暢。

至理、當知從今文去、直至第三卷末、第四卷初、節節圓彰大定所依之理體也、三摩提亦云三昧、此翻正定、有眞諦三昧、俗諦三昧、中諦三昧、又有歷別三諦三昧、圓融三諦三昧、今是圓融三諦三昧、統一切法、一切三昧、悉入其中、故名為王、須知眞諦三昧即奢摩他所成、俗諦三昧即三摩鉢提所成、中諦三昧即禪那所成、又眞諦三昧止見思惑、俗諦三昧、止塵沙惑、中諦三昧、止無明惑、即奢摩他眞諦三昧、發明空觀、俗諦三昧、發明假觀、中諦三昧、發明中觀、即三摩鉢提三諦之體無惑可破、無觀可立而破而立。即禪那也。大佛頂具如玄義中釋。乃此三昧所依之真性。首楞嚴。亦如玄義中釋。須者尋之。乃是稱性所起之真修。具足萬行者。一是本有為具。謂此大佛頂理。無所不統。無所不攝。故名具足。二是該攝為具。謂修此三昧。即是修行一切三昧。乃至六度五行等。五行者。法數云。一聖行。聖。即正也。謂菩薩依戒定慧所修之行。故名聖行。二梵行。梵即淨也。謂菩薩無空有二邊愛著之染。名之為淨。以此淨心運於慈悲。與眾生樂。拔眾生苦。故名梵行。三天行。天即是第一義天。天謂菩薩由天然之理。而成妙行。故名天行。四嬰兒行。嬰兒以喻人天小乘也。謂菩薩以慈悲之心。示同人天聲聞緣覺小善之行。故名嬰兒行。五病行。謂菩薩以平等心。運無緣大悲。示同眾生。同有煩惱。同有病苦。故名病行。

無不圓攝故名具足三是積聚為具謂眾生無始以來所有一切諸善如彈指聚沙舉手低頭等種種緣因種子若得此三昧時一齊開發顯現故名具足本具約正因該具約了因積具約緣因又三因皆本有故名本具三因皆該攝故名該具三因皆開發故名積具不縱不橫之義復現於此矣行為入理之門一行一切行一切行一行故名一門圓人頓悟頓修永無諸委曲相故名超出稱性所起福慧二種莊嚴還以莊嚴一性性修不二名妙莊嚴始從乾慧終極妙覺故名為路也謹按諸疏僉以妙莊

嚴為果德。此則以妙莊嚴為路也。詳觀經文大同。然行為能顯。果為所顯。始從乾慧。終至究竟。因該果徹。言果可也。言路可也。

㊁ 五正破非內又二。初引例。二正破。

㊂ 今初

佛告阿難。如汝所言。身在講堂。戶牖開豁。遠矚林園。亦有眾生。在此堂中。不見如來。而見堂外者。乎。阿難答言。世尊。在堂不見如來。能見林泉。無有是處。

㊂ 二正破

阿難。汝亦如是。言令汝之所計。即是在堂不見如來。能外見林泉者。夫汝之心最靈。一切法無不明了。若汝現前所明了心。實在身內。爾時先合當也了知腑臟之內身。然後乃見外物。方與法喻合也。頗可也有眾生先見身中。而後觀外物者乎。縱不能內見心肝脾胃。至於爪生髮長筋轉脉搖誠合明了。如何亦不知耶。必不內知。云何知外。是故應知汝言覺了能知之心。住在身內。無有是處。

文句引圓覺經云。妄認六塵緣影為自心相。此經云。一迷為心。決定惑為色身之內。此一切眾生之通計也。下文六處。不過是轉計耳。此雖破其妄心無所實。即為顯妄心無體。惟無體故無所也。又無體無所。而一切明了。正所謂性同虛空。亦無虛空相貌可得。非即全體真心而何。故曰密顯真心也。

不能於此薦取。辜負圓音甚矣。

阿難㊇二破轉計在外二。初轉計。二破斥。㊈今初

阿難稽首。(稽。留也。言首至地。而稽留少許。以示敬也。)而白佛言。我聞如來如是(必不內知。云何知外之)法音。悟知我心實居身外。所以者何。譬如燈光。(設使)然於室中。是燈必能先照室內。從其室門。後及庭際。(邊也。亦畔也。)今一切眾生。不見身中。獨見身外(者。)亦如燈光居在室外。不能照室。是義必明。將(再也)無所惑。(未審可能)同佛了義(之見)。得無妄耶。

㊈二破斥又二。初立例。二正破。㊉今初

佛告阿難。是諸比丘。適來(猶爾來也)從我室羅筏城。循乞

摶度官切食。歸祇陀林。我已宿齋。汝觀比丘之中。一人食時。諸人皆同飽不。阿難答言不也。世尊。何以故。是諸比丘。雖阿羅漢。軀命不同。云何一人。能令衆飽。

文句。摶食。即段食。有形質分段可摶取者也。宿止也。宿齋猶言足食。即是結齋之義。

㊀癸 二正破

佛告阿難。若汝覺了知見之心。實在身外。身心既互相為外。自然兩不相干。則心所知。身不能覺。覺在身際。心不能知。我今示汝兜羅綿手。兜羅。此云細香。其色如霜。或云妬羅綿。妬羅。樹名。綿從樹生。如柳絮也。白淨柔軟。佛手似之。故名兜羅綿手。汝眼見時。心分別不阿難答言。如是世尊。眼見。而心實生分別。佛告阿難。若身心相知者。云何心在身外。是故應知。汝言覺了能知之心。住在身之外。如鐙在室外。不能照室者。無有是處。

㊉辛 三破轉計潛根二。初轉計。二破斥。 ㊉壬 今初

阿難白佛言。世尊。如佛所言。不見內故。不居身內。身心相知。不相離故。不在身外。我今思惟。知在一處。佛言。處今何在。阿難言。此了知心。既不知內。而能見外。如我思忖。潛伏潛藏也。伏匿也。言藏匿於勝義根裏。猶如有人。取瑠璃椀。合其兩眼。雖有物合。而不畱遮也礙障也。彼根隨見。隨即分別。然我覺了能知之心。不見內之心肝脾胃者。為

在根故（宜乎不見內也）。分明矚外無障礙者。潛（在眼）根內故。宜乎（不在外也）。

文句。瑠璃寶名。內外明徹。亦如今之眼鏡相類。以眼喻心。以瑠璃椀喻眼根淨色。故云眼隨見心隨分別。

（壬）二破斥又二。初立例。二正破。（癸）今初

佛告阿難。如汝所言。（此心）潛根內者。猶如（眼在）瑠璃（之內）。彼人當以瑠璃籠眼（之時）。當（其外）見山河（亦復）見瑠璃不。如是世尊是人當以瑠璃籠眼。實見瑠璃。

（癸）二正破

佛告阿難。汝心若同瑠璃合者。當見山河時。何不見眼。若使心能見眼者。眼即反同心家所緣之境。眼既同境。乃是無知之物。不得成彼根隨見。心隨即分別之義。若不能見。云何說言此了知心。潛在根內。如瑠璃合耶。是故應知。汝言覺了能知之心。潛伏根裏。如瑠璃合。無有是處。

文句。設許見眼。眼即同於外境。無能見用。則隨見隨即分別之義不成。既不見眼。則法喻不齊。齊等也。瑠璃籠眼。是喻。心潛根裏。是法。眼能見瑠璃。心不能見。眼。故言法喻不齊。則心非潛在根內也明矣。

(辛)四破轉計見內二。初轉計。二破斥。

(壬)今初

阿難白佛言。世尊。我今又作如是思惟。是衆生身。腑藏在中。（內也。眼等根之）竅穴居外。有藏則暗。有竅則明。今我對佛。開眼見明。名為見外。閉眼見暗。名為見內。（不知此義）（當與不當。故問曰）是義云何。

文句。此復計心在內也。初計內時。佛以不能見內難之。今云見暗。即是見內。正轉救初難也。

標指白虎通曰。五藏者。肝心肺腎脾。六腑者。五藏之宮腑也。胃為脾之腑。膀胱為腎之腑。三焦為命之腑。膽為肝之腑。大小腸為心之腑。肺之腑也。

㊀壬 二破斥又三。初正破。二轉破。三結破。

㊀癸 今初

佛告阿難．汝當閉眼．見暗之時．此暗境界．為與眼對

為不對眼．若與眼對．（則此）暗（相）在（汝）眼前．云何成（得閉眼見

暗名為見）內．若（許暗相雖在眼前．亦可）成（在）內者．（則凡）居暗室中．無日

月燈（光）．此（諸）室暗中．（則應）皆（是）汝（三）焦（六）腑．（有是理乎）．若不

對者．云何（可）成見（耶）．

文句．此中先以對不對雙牒．次雙破也．若與眼對

下．先破對．又二意．一者既對則非內．二者許內則

有過．若不對下．次破不對．只須云何成見一句也．

貫珠．三焦者．上焦在心．上至泥丸宮．主通津液．清

温之氣．中焦在心胃．下至臍．主通血脈精神之氣．

下焦在臍下，下至湧泉，主通大小便利。五藏別論云，以能藏精氣而不泄者曰藏，其傳化物而不藏者曰腑。

(癸)二轉破又三。初破其轉計內對，二破其轉許在空，三破其轉許兩覺。(子)令初

若許閉眼離於外見內對所成者。此妨轉救也。文句。恐彼又轉救云。開眼見外。名為外對。閉眼見暗。名為內對。則暗仍與眼對。而亦不取室暗為焦腑也。令即喋而破之。既許內對。合眼見暗。名為見身中者。則開眼見明時。亦可內對。而見其面。何以不見其面耶。若開眼不能內對而見其面。則閉眼亦何能內對乎。故曰內對不成。又設許內對見面若成。則此了知之心及與眼根。

迺俱在虛空，何成在內。（是豈非仍違汝心在身內之計乎。）

(子)二破其轉許在空

若在虛空，自非汝體，即應如來今見汝面，亦是汝身。汝眼已知，身合（當也）非覺。

文句，恐彼救云，設許心眼俱在虛空，亦復何過，今更牒而破之。若在虛空，便非汝體，則如來今見汝面，即應如來亦是汝心之眼，汝眼已知，身猶應未覺也。

(子)三破其轉許兩覺

必汝執言，身眼兩覺，應有二知，即汝一身，應成兩佛。

文句恐彼轉救云眼雖在空何妨眼知身亦隨覺今更破云若許眼在虛空仍復與身兩處皆覺則現有二知當成兩佛矣夫成佛時雖復化身無數秖如月印千江豈可謂法身有二體耶

㊇三結破

是故應知汝言見暗名見內者無有是處

㊉五破轉計隨生二初轉計二破斥 ㊈今初

阿難言我常聞佛開示四眾由心生故種種法生由法生故種種心生我今思惟即此思惟之體實我心性隨所合處言能合緣影之心則隨其有亦非內外中間三

處。
文句前之四章俱是自心計度。此下三章俱借聖教妄推。雖借聖教。不解教旨。以其誤認緣影。不知心之實義故也。且如心生法生四句。顯示因緣即空假中道理。語言雖同義闕四教。若謂心生法生。心滅法滅。法生心生。法滅心滅。心法互為因緣。雖生滅宛然。猶依然也。而惟是因緣假合。別無時方微塵大自在等。唯識隨註。時者。即時散外道。謂一切法。皆從時生。以見草木及種植等。芽莖枝葉。花數果實。榮枯萎悴等。皆因時變。時雖不可見。觀彼花實等。隨節氣異。故知有時。由斯計時是常。是一。是萬物因。是涅槃因。方者。即方論師。彼計從方生人。人生天地。滅後還入於方。故方是常。是一。

是萬物因。是涅槃因。微塵者。即極微。四大也。即路迦耶外道之所計。路迦耶。此云順世。彼計一切色心等法。皆用四大極微為因。然四大中。最精靈者。能有緣慮。即為心法。如火雖皆是火。而燈發光。餘則不爾。故四大中。有緣慮者。為心無失。大自在者。此即塗灰外道。見世有情。不隨欲轉。故作此計。以見有情。因時欲修淨業。不遂所欲。反更為惡。果時欲生善趣。不遂所欲。而反受苦。作是思惟。世間諸法。不由心欲。必應別有作者。生者。及變化者。由是妄計。此天而有三身四德。三身者。一法身。能生萬物。二受用身。在色天上。三變化身。隨形六道。教化眾生。四德者。一謂天體真實。二常。三徧。四能生諸法。以為能生。亦非無因緣故。自然而生。此則藏教義也。若謂心生法生。則心外無法。法本無生。法生心生。則法外無心。心亦無生。心法當體無生。是名因緣即空。通教義也。若謂無明不覺生於三細。是謂心生法生境界風動轉識浪生是謂法生心生心法互為因緣故有十界差別假名無量别教義也若謂心生法生則一切惟心法生心生則一切惟法互奪則心法兩亡雙照則心法宛爾而皆體是法界不可思議所謂因緣即中是圓教義也今阿難雖述其文不違其義堅執緣影為自心性而云隨合隨有尚非藏教法生心生片義況全義耶

㊀二破斥三初牒計二正破三結破 ㊁今初

佛告阿難汝今說言由法生故種種心生隨所合處心隨有者

文句阿難雖則雙述心生法生之文而意惟在法生故心生且又不知妄心無體計此緣影以為能合種種諸法以為所合故佛牒計中不須更出前之兩句以前兩句非彼妄計張本故也

癸二正破又二初破無體二破有體 子令初

是心果無實體可得則無所合若無有實體而能合者則第十九界因第七塵合是義不然

文句夫妄心的確無體但阿難久執有體不達本無故令得以無體難之是心者指彼所執緣影也既不知緣影非心則必妄謂有體斷斷不敢承當

無體之義矣。六塵十八界全體皆即自心。今獨計此緣影以為自心。則塵界並為心外之法。更欲以此無體之緣心。來合諸法。何異欲以第七無體之塵。合成第十九無體之界乎。是義決不然矣。

㊀子 二破有體又二。初約內外出入破 二約一多偏不偏破。

㊀丑 今初

若緣影心實有體者。如汝今以手自挃陟栗切觸也其肢體。汝所知之心。為復從內而出。為從身外而入耶。若復內出。還見身中。若從外來。先合當也見面。阿難言。見是其眼。心但有知。非若眼有能見之用。若以心知為眼見者。必無此理。此云非義也。佛言若眼能見者。汝在室中。門能見不。則諸已死之人。尚有眼存。應皆見物。若見物者。云何名死。

文句此正破妄心。而乘便兼破妄眼也。浮塵之眼不能有見緣影之心何能有知。噫。可以思矣。

㊄二約一多偏不偏破

阿難。又汝覺了能知之心。若必有體。為復一體耶。為有多體耶。今在汝身。為復偏體耶。為不偏體耶。若一體者。則汝以手。挃一支時。四支亦應咸覺。若咸覺者。其挃應無偏在。若挃有所。則汝一體。自不能成也。若多體者。則亦應成多人。未知以何體為汝也。若偏體者。同前一體所挃、破、破云、若偏體者、則汝以手挃一支時、四支應覺、若咸覺者、挃應無在、若挃有所、則汝偏體自不能成也、若不偏者、當汝觸頭、亦觸其足之時、頭有所覺、足應無知、今汝不然也、

文句先立四句、然後一一破之、初一體句、謂四支共一心體、故以咸覺為難、設使咸覺則挃無偏在、今挃既偏有所在則咸覺義墮、而四支共一心體不成矣、次多體句即是多心、故是多人、三偏體句、謂一心滿於四支、與前四支共一心體是同、故亦同前所難、四不偏句、謂一心不能偏應、故宜一處有知、一處無知也、今汝不然句總結四句皆非、

㊂三結破

是故應知，隨所合處，心則隨有，無有是處。

㊁六破轉計中間二，初破泛計，二破正計。

㊀初中二，初泛計，二泛破。 ㊂今初

阿難白佛言：世尊！我昔亦曾聞佛與文殊等諸法王子，談實相時，世尊亦言：心不在內，亦不在外。如我思惟，若言在內，則無所見；若言在外，不應相知。內無知故，在內不成；身心相知，在外非義。今相知故，復內無見，當在中間。

文句：夫佛說心不在內，亦不在外，正即顯示心無體相亦無方隅，無相不相，故名實相也。而阿難方認緣影，則宛然有相可得，其為幻妄甚矣。然未的指何者為中，故名泛計。

㊀二泛破

佛言：汝言中閒，中必不迷，非無所在（之處）。今汝推中，中何為在？為復在處（耶）？為當在身（耶）？若在身者，在邊非中，在中同內（前計應合見內）。若在（身外之）處（立中位）者，為有所表（耶）？為無所表（耶）？無表則同無（中。有）表則（中）無定（在）。何以故？如人以表，表為（正）中（之）時，東看則（表為）西，南觀（則表）成北。（能表之）表體既混（亂，所表之）心（亦）應雜亂（中無所在也明矣）。

文句。阿難但說中字。義不分明。須以在處在身二義定之。故曰中必不迷。非無所在也。合轍標物以顯中。曰表晉語。設望表。註。謂立木以為表。表其位也。

㊁二破正計二。初正計。二正破。㊂今初

阿難言。我所說中。非此二種。如世尊言。眼色為緣。生於眼識。眼有分別。色塵無知。識生其中。則為心在。

文句。阿難本意正計於此。但此眼色為緣。生於眼識二語。義闕四教。若知正此因緣生識。不屬邪因無因。而此因緣所生之識。無實體性。無我我所。即藏教義若知能生所生。一總無性。當體全空。即通教義若分別緣生。假名無量。所謂眼識九緣生。耳識唯從八。八識規矩。五識同依淨色根。九緣七八好相鄰。直解。淨色根。謂勝義五根。乃第八識所執受之相分。以能發識。比知是有。雖是色法。非外四大所造。亦非肉眼可見。故名為淨色根。依此五根。乃發五識。此根即名增上緣依。眼識則更須空緣。明緣。境緣。作意緣。分別依緣。染淨依緣。根本依緣。種子依緣。方得生起現行。故云眼識九緣生。耳識則除明緣。但須八緣。以暗中亦聞聲故。鼻舌身三識。則并除空緣。但須七緣。以合時方知香味觸故。乃至備明八識因轉果轉。轉第六為妙觀察智。轉第七為平等性智。此因轉也。轉前五為成所作智。轉第八為大圓鏡智。此果轉也。圓明了知。不因心念。以無緣慈。應九界機。約相似。分證。究竟。分因緣等不同。故云差別不同也。即別教義若知識性無源。因於六種根塵妄出性。識明知。覺明真識。妙覺湛然。徧周法界。含吐十虛。無有方所。但是循業發現。說名緣生。緣生之性。即是實性。所謂不變隨緣。隨緣不變。即圓教義。或謂此是相宗。不了義說。蓋未深求其致旨也也。令阿難所計。乃妄指緣影為心。謂是根塵之所共生。有體可得。尚非藏教無實體之義。況通別圓義耶。

㊀癸 二正破

佛言。汝心若在根塵之中而生者。此所生之心體。為復兼能生之根塵二者耶。為不兼能生之根塵二者耶。若兼二者。物體雜

亂物非體知成敵兩立云何為中也若兼二不成者則非知不知即無體性中何為相是故應知當在中間無有是處

文句謂汝所計中間之心為復兼用根塵二法以為其體為復不兼根塵二法而另自有體耶此雙牒也破中先破兼二若兼二者則色塵之物與眼根之體互相雜亂而物無知終非如體之有知則知與無知是對待法到底成敵兩立云何可名為中也次破不兼若兼二不成者則汝心體既非兼根之有知又非兼塵之不知將以何為體性耶體性尚無

中有何相乎。

(辛)七破轉計無著二。初轉計。二破斥。(壬)今初

阿難白佛言世尊我昔見佛。與大目連須菩提。富樓那。舍利弗。四大弟子。共轉法輪常言覺知分別心性。既不在內。亦不在外。不在中間俱無所在。一切無著。名之為心。（此引佛言也）則我無著名為心不。（呈謬解也。）

文句。無在無著義亦闕於四教。若言心惟假名。毫無實體。故無在無著。即藏教義。若言假名既空。假法亦空。心法俱空。何在何著。即通教義。若言心無所在。無所不在。無在不在。故無所著。即別圓義。今

阿難堅執緣影為心，而以為不在三處，大似獼猴跳躑，棲止無恒，尚非藏教假名無實之義，況別圓耶，觀此三章，方知語言雖同，其旨碩異，邪人說正法，正法亦成邪，末世借了義極談，成自己僻解者，類若此也。

㊀二破斥

佛告阿難，汝言覺知分別心性，俱無在者，世間虛空水陸飛行，諸所物象，名為一切，汝不著者，為在為無，無則同於龜毛兔角，云何不著，有不著者，不可名無，無相則無，非無則相，相有則在，云何無著，是故應知，

一切無著名覺知心無有是處

文句阿難既認緣影為心則是另有一物但不著在一處耳故佛破云世間虛空水陸飛行諸所物象名為一切收無不盡汝既言一切不著則此不著之心為離一切而另有所在耶為別無所在耶此雙牒也先破無在云若別無所在則此心便同龜毛兔角云何猶得名為無著次破有在云若有一箇不著者則便不可名無除是無相則可名無若其非無則便有相相既成有則決有所在又云何可名無著耶結破可知齊此已上是逐破妄執

密顯真心也。

(己)二顯示妙理兼破餘妄為三。初總示萬法唯心。二別就見精顯性。三徧歷陰入處界會理。

(庚)初總示萬法唯心復為二。初正示二本不離一心。二委示心體不同妄執。

(辛)初中二。初當機申請二如來開示

(壬)今初

爾時阿難在大衆中。即從座起。偏袒右肩右膝著地。合掌恭敬而白佛言。我是如來最小之弟。貫珠。四王八子。唯阿難最小。蒙佛慈愛。雖今出家。猶恃仗也嬌憐。嬌小兒態也。憐。哀也。言恃己之嬌態。倚佛之哀憐。所以多聞未得無漏。不能折摧也伏降也娑毘羅咒為(遭也)彼(幻術)所轉溺(沒也)於婬舍者當由不知真際所詣(使之然也)惟願世尊大慈哀愍開示我等奢摩他路令諸闡提隮彌戾車作是語已五體投地及諸大眾傾(心)渴(仰)翹(誠)佇(望)欽聞(世尊開)示(教)誨(舉一即三之奢摩他路也)

文句未得無漏者不但未至漏盡亦未得初果無漏真明也以初果分證無漏得道共戒則雖未斷欲愛亦非婬咒之所能轉況前文七處妄執皆是見惑所攝舊云阿難先證初果恐未必然當以第三卷末圓悟藏性之時方為迹同初果故至第四

卷中方云。汝今已得須陀洹果耳。真際者。三德秘藏極則之理。名為真際之家。一心三止。譬如能詣之路也。闡提此云斷善根。彌戾車此云惡知見。不知性具圓宗。即心即佛之旨。執定佛性三無者。一聲聞。二緣覺。此二種保證涅槃。不進求佛道。無佛種性也。三一闡提。撥無因果。不受化度。無佛種性也。二有者。一菩薩。謂悲智雙運。廣利群生。有佛種性也。二不定。言近二乘。則利他行不起。若近菩薩。則修萬行。有佛種性也。凡有心者。皆可作佛。何言佛性三無二有耶。豈非即是斷佛界之善根。總名為惡知見也。

㊀壬 二如來開示二。初瑞表真常。二正示二本。

㊀癸 今初

爾時世尊，從其面門放種種光，其光晃（胡廣切明也）曜，如百千日，普佛世界，六種震動，如是十方微塵國土，一時開現，佛之威神，令諸世界，合成一界，其世界中，所有一切諸大菩薩，皆住本國，合掌承（敬也）聽。

文句將欲正顯常住真心，性淨明體，故先放光現瑞，以表示之。面門者，六根都聚之處，又是向背之所從分，於此放光，欲令衆生，背塵合覺故也，蓋衆生背覺合塵，起諸妄計，所以七處咸非，如來背塵合覺，妙契真常，所以六根皆是，如百千日者，照萬法以無遺也，六種震動者，破昏（昏瞀目不明也）瞶（五怪切音蒯耳）

聾也而令覺也。十方開現，合成一界者，迷於妄則無同異中熾然成異，悟其真則一切差別性無差別也。菩薩皆住本國者，不動法界也。合掌承聽者，咸契真源也。瑞之所表，全彰妙法，利根之士，觸目會心。為不了者，再申言辯耳。

天如補註：六種震動者，謂動、踊、起、震、吼、擊也。搖颺不安曰動，壣壠凹（乙洽切音豚入聲，凹低下也）凸（出貌也）曰踊，自下升高曰起，隱隱有聲曰震，砰（普耕切音怦）磕（丘盍切音嘅，廣韻砰磕如雷之聲）發響曰吼，打搏（神各切音博，拍也）警物曰擊。前三屬形，後三屬聲，表諸佛形聲兩益也。

㊇ 二正示二本

佛告阿難。一切眾生。從無始來種種顛倒。業種自然。如惡叉聚。諸脩行人。不能得成無上菩提。乃至別成聲聞緣覺。及成外道。諸天魔王。及魔眷屬。皆由不知真妄二種根本。錯用妄想。亂彼真因。脩習菩提。猶如煑沙。欲成嘉美也饌。飯也縱經塵劫。終不能得。云何二種。阿難。一者無始生死根本。則汝今者與諸眾生。用攀緣心。為自性者。二者無始菩提涅槃。元清淨體。則汝今者識精元明。能生諸緣。緣所遺者。由諸眾生。遺失也此本明。雖終日在本明中行。而不自覺。步步是道。所以枉入諸趣。枉入者。不當入而入也。

文句前已總明一切眾生生死相續皆由不知常住真心。性淨明體。用諸妄想。此想不真。故有輪轉。然猶未曾分明說此真心妄想總無二體。如麻之與蛇。不離一繩。今更申明二本不離一心。使人不遺真以逐妄。須了妄以歸真也。一切眾生。泛指迷真逐妄之流。廣如下文七趣所列。諸修行人。別指厭妄求真之士。廣如下文陰魔所明。惡叉。西域果名此方所無。聚者。三必同生。共成一聚。以喻惑業苦三。始終不相離也。不成無上菩提。指權教菩薩。

別成聲聞緣覺指藏通二乘餘皆可知此之二流雖復一是任迷（謂外道等也）一是趣悟（謂別教菩薩藏通二乘也）賢愚迥然不同而未達真妄源頭無有始覺真智則一而已故總責云皆由不知二種根本也沙喻依他性上所起徧計執性饌喻依他性上所具圓成實性不捨徧計那獲圓成塵劫勤修總為唐喪可不慎哉攀者能緣之心即八種識各有見分緣者所攀之境即八種識各有相分依八種識之自證分起此見相二分是名依他起性不了此之心境惟是八識自證所現橫起我法二執是名用攀緣

心為自性者即所謂妄認四大為自身相妄認六塵緣影為自心相等是也以此為無始生死根本者由不達心境悉無自性即是常住真心性淨明體所以凡夫起於貪著攀三界六塵之緣則為分段生死根本二乘起於厭惡別攀真諦涅槃之緣菩薩雙捨二邊別攀但中理性之緣則為變易生死根本也菩提者四種智德之果涅槃者三種斷德之果元清淨體者性本清淨不待修證而後淨也識精通指八識各自精了所謂自證分也元明總指八識所依一心所謂證自證分也然非分剖

一心以為八箇證自證分亦非八識共只一箇證自證分良由心體離過絕非不可思議只此元明之體徧在八識八識各得其全以為證自證分如八人同觀一輪圓月行向八方各有全月隨八人去亦非分為八分亦非共看一月思之思之能生諸緣謂依此自證及證自證能成見相二分也見分具於四緣謂親因緣等無間緣所緣緣增上緣相分具於二緣謂親因緣增上緣也緣所遺者謂此自證證自證分既舉體幻成見相二分則自證證自證分之自體便成隱沒所謂緣所遺者也如舉麻之全體成

繩。則人但見其為繩。不復以為麻矣。然既舉自證而為見相。則見相無非自證。如舉麻為繩。繩即是麻。今正指此即見相之自證以為菩提涅槃。元清淨體。故曰緣所遺者。而下文云。此見及緣。元是菩提妙淨明體。亦與此處同也。指第八識。即大圓鏡智。菩提元清淨體。指第七識。即平等性智。菩提元清淨體指第六識。即妙觀察智。菩提元清淨體指前五識。即成所作智。菩提元清淨體。此則四智菩提。亦是本具。不同相宗權說。謂是生因所生也。生因者。住相布施。有漏因也。夫四智菩提。含靈本具。所恨不曾親近善知識。從聞思脩。發明一心三觀。超證菩提．是豈生因之所生哉．

指徧計本空．我法自性了不可得．如繩上本無蛇性．即圓淨涅槃元清淨體．指依他如幻．十界假名無量差別．如麻可為繩．即方便淨涅槃元清淨體．指圓成本具．法法全真．如繩即是麻．即性淨涅槃元清淨體．所以二種根本．不離一心．悟見相惟自證．譬如了繩即麻．則是菩提涅槃．迷見相為我法．譬如於繩見蛇．則成生死根本．故曰遺此本明．雖終日行．而不自覺．枉入諸趣．此一經最要之關．佛祖傳心之訣也．

(辛)二委示心體不同妄執四．初重斥妄計非心．二

正示真心有體、三委明分別無性、四總斥從來誤執、(壬)今初

阿難、汝今欲知奢摩他路、願出生死、今復問汝、即時如來、舉金色臂、屈五輪指、語阿難言、汝今見不、阿難言見、佛言、汝何所見(耶)、阿難言。我見如來舉臂屈指、為光明拳、(照)曜我(之)心目、佛言、汝將誰見、阿難言、我與大眾、同將眼見、佛告阿難、汝今答我、如來屈指為光明拳、曜汝心目、(縱計)汝目可見、(汝)以何(物)為心、當我拳(之光)曜(耶)、阿難言、如來現今徵心所在、而我以心推窮尋逐、即能推者、我將為心、佛言、咄、(敦入聲呵斥也)阿難、此

非汝心。阿難矍（厥縛切。驚愕貌）然避座。合掌起立白佛。此非我心。當名何等。佛告阿難。此（心）是（因現）前（六）塵（本質相分。為疏所緣緣。意識托彼所起相分。為親所緣緣。所謂）虛妄相想（者。由此相想。）惑汝（亂之）真性。（豈可認此以為子乎。）由汝無始至於今生。（誤認為心。大似）認賊為子。失汝元常。（指自證證自證分也。）故（枉）受（二種生死之）輪轉（也。）

文句。前塵虛妄相想。正圓覺所謂六塵緣影是也。六塵是識家相分。今此但是六塵之影。現於見分中者。尚非識之見分。況是自證證自證分耶。而誤認以為心。非惟不是真心。亦復不是妄心矣。（妄心指見分也。）故直斥之曰。此非汝心也。若夫識之見分。則靈明昭徹無體無相雖全在妄亦更無此影像（相分）可得故下文云含吐十虛寧有方所也是知阿難所計雖曰能推實則僅是所推影子決非真能推者以能推者實無體相可得故也後世不達即指此緣影以為六識其亦不知六識甚矣

㊀二正示真心有體

阿難白佛言世尊我佛寵弟（寵尊榮也易師卦承天寵也因）心（敬）愛佛故令我出家我心何獨供養（釋迦）如來乃至徧歷恒沙國土承事諸佛及善知識發大勇猛行諸一切難行法事皆用此心（不唯作善而用此心）縱令謗法永退善根（作諸

惡事。亦因此心。若如此發明不是心者。我乃無心。同諸
土木。乎。離此覺知之心外。更無所有。云何如來說此能推
者為非我之心耶。我實驚怖。兼此大眾。無不疑惑。唯垂大
悲。開示未悟。爾時世尊。開示阿難。及諸大眾。欲令心
入無生法忍。於師子座。師子乃獸中之王吼時百獸震驚。表如來說法。魔外喪膽
故以法王之座名師子也。摩阿難頂。而告之言。如來常說諸法所
生。唯心所現。一切世出世間因果。指十界正報言。一切世界麤而大地。細而
微塵。指十界依報言。莫不因心而成其體。阿難。若諸世界一切
所有。其中乃至草葉縷結。如絲麻之類。乃有形之最細者。盤詰其根
元。咸有體性。縱令虛空。亦有名貌。集解。如涅槃云。空有四名。謂虛空。無

所有不動不礙也貌謂如雜集論云空一顯色也何況清淨妙淨明心性一切心而自豈無體乎

文句此阿難疑心是無而如來答心有體也由其久執緣影故擘頭一奪翻疑斷滅詎思只此怖斷滅者還可斷滅得否入無生法忍者入字約修證言無生法約理性言忍字約地位言無生法性終始無殊約入約忍則始於名字終於究竟也此是第一番徹底顯性之文妙則中道法身淨則解脫俗諦明則般若真諦三德秘藏可謂和盤托出矣性一切心者猶云徧為一切心之本性

㊀三委明分別無性

若汝執悋、分別覺觀所了知性、必（認）為（汝之）心（而不捨）者、此心即應離諸一切色香味觸諸塵事業、（營業之初曰事、事辦之後曰業、言塵事塵業也、）別有全性（可得、方是汝之心也、）如汝今者、承聽我法、此（聽法之心、）則因（我說法之）聲而有分別、縱滅一切見聞覺知、內守幽閑、猶為法塵分別影事、我非敕汝執（此分別覺觀所了知性、）為非（汝之）心、但汝於心、微細揣摩、（揣初委切、櫰上聲、摩研也、六書通、凡稚量忖度、皆曰揣摩、）若離前（六）塵、有分別性、即真汝心、若分別性、離塵無體、斯則（汝所執分別性、皆是）前塵分別影事、（然則）塵非（不生不滅）常住（之法、）若（遷）變（壞）滅時、此（因塵所有之）心、（即隨塵變）

滅。則同龜毛兔角。故不可執此因塵所有之心為汝之真性也。若固執為汝之真性。則汝法身。同於斷滅。以法身體。即真性故。法身若斷。依何修行。故云其誰修證無生法忍耶。即時阿難。與諸大眾。默然自失。

文句。此兩番縱奪。以明分別無自性也。初十六字。是總牒執悋者。固執而不捨也。所了知者。意顯彼之所執緣影。雖自以為是能了知。實則但是所了知者。非真能了知也。此心即應至別有全性。是初一番縱。如汝今者至分別影事。是初一番奪。不惟聽法時之分別全因聲有。縱令六根不緣外塵。所謂縱滅一切見聞覺知也。內守幽清閒曠境界。仍是獨頭意識所緣內法塵境而已。此則從未到定至非非想。皆是法塵分別影事所攝。今時闇證謬謂是本來面目。空劫前事。威音那畔。丐上鼻孔。亦太癡矣。次我非敕汝至即真汝心。是第二番縱言我既不許汝謬計為心。亦不敕汝執為非心。以心外無法。則此分別塵影。亦是唯心所現。因心成體之物。故執為心。是認賊為子。執為非心。是離波求水。皆不可也。若分別性下。是第二番奪。若決定執此為心。則心反成斷滅。而法身修證。俱不可得矣。此大眾所以不知下落。而黙然自失也。

(壬)四總斥從來誤執

佛告阿難世間一切諸修學人現前雖成九次第定。釋禪門次第行者定觀之法修鍊既熟能從一禪心起次入一禪心心無間不令異念得入乃至滅受想定名九次定亦名鍊禪不得漏盡成阿羅漢皆由執此生死妄想。指所了知性也夫獨頭意識所緣之法塵本非真實設誤執之以為真實詎能斷惑證真是故汝今雖得多聞不成聖果。

文句九次第定者四禪四空並滅受想定為第九也前之八定惟是有漏從有頂處遊觀無漏能令染末那相應之受想伏而不行故名滅受想定三果聖人能入此定亦名非學非無學定以其伏第

七識俱生我執故名非學以出定時非非想天一分微細我愛猶存故名非無學也由此非非想愛未斷所以不得漏盡成阿羅漢而非非想愛亦即是此生死妄想而已又復應知生死妄想本無真實如繩本非蛇凡夫誤以為真實而堅執之故有三界分段生死如乞丐之喜以為蛇也二乘誤以為真實而苦斷之故有出界變易生死如孩孺之怖以為蛇也惟圓頓行人了達妄想無性則不生貪著不須斷除而狂心頓歇歇即菩提矣訶云不成聖果明知未證初果舊云證初果者謬也

庚二別就見精顯性二：初領旨哀請二正垂開示

辛今初

阿難聞已，重復悲淚，五體投地，長跪合掌，而白佛言：自我從佛，發心出家，恃佛威神，常自思惟，無勞我修，將謂如來惠我三昧，不知身心本不相代，失我本心，雖身出家，心不入道，譬如窮子，捨父逃逝，今日乃知，雖有多聞，若不修行，與不聞等，如人說食，終不能飽。世尊，我等今者，二障所纏，良由不知寂常心性，惟願如來哀愍窮露，（無法味資神，曰窮；無法衣蔽體，曰露。）發妙明心，開我道眼。

合轍。重復悲淚者。始而自恨。繼而自咎。終而悲淚。皆是阿難真實痛心處。蓋阿難與釋迦等於空王佛。所同時發心。而釋迦成佛已經塵劫。阿難從無量劫好樂多聞。尚不知常住真心性淨明體。與言及此。寧不痛心。故悲淚陳情也。

長水疏。初心入道。罔解克修。恃賴親因。將惠正受。豈知身戒雖從佛得。心定宜當自證。本不相代。斯之謂歟。

文句。子譬始覺。父譬本覺。迷本覺而起妄覺。妄覺從本覺生。義之如子。只此妄覺就是始覺之性。但以背覺合塵。譬以捨父逃逝。而枉受貧窮。若能背塵合覺。則客作賤人。即長者真子矣。二障者。一煩惱障。即是見惑。二所知障。亦名智障。即無明塵沙。通而言之。二皆稱煩惱。見思是界內煩惱。無明塵沙是界外煩惱。二皆可名智障。見思障一切智。塵沙障道種智。無明障一切種智。別而收之。見思招感分段生死。煩惱義強。塵沙無明覆權實理。障智義強也。由其不知寂常心性。所以妄被二障所纏。若達心性寂常。則二障亦本寂常矣。故今但求顯發其本妙明心。則道眼自開也。

㊉辛 二正垂開示二。初現瑞許說。二正示見性。

㊀壬 今初

即時如來。從胸卍字。涌出寶光。其光晃昱。（余六切日明也）有百千色。十方微塵普佛世界。一（廣韻同也）時周徧。徧灌十方所有寶剎諸如來頂。旋至阿難。及諸大眾。告阿難言。吾今為汝建大法幢。亦令十方一切眾生。獲妙微密。性淨明心。得清淨眼。

蒙鈔。考翻譯集。卍字音万。苑師云。此是西域万字。華嚴音義。卍字本非是字。大周長壽二年。權制此文。佛胸前有此之形。乃吉祥万德之所集也。相海品。如來胸前有大人相。形如卍字。名吉祥海雲。摩尼寶華以為莊嚴。放一切寶色種種光燄輪。充滿法界。普令清淨。復出妙音。宣暢法海。夫卍字何物也。學者果克於此薦取。則何處非廣長舌。放光動地。而演說此經也。

文句。從胸卍字涌出寶光者。表示寂常心性。本有光明也。妙心真體。雖不在內。而內亦無所不在。是故達法界之全體。一塵者即一塵而全體法界。故得光流無外。非妄計之心可擬議也。其光晃昱有百千色者。表示一念心中。具足百界千如實相真明也。止觀輔行。介爾有心。於十界中必落一界。言百界者。謂一界具十界。十界各具十界。成百界也。言千如者。一界具因果十種如是。百界則具千如是也。言實相真明者。即寂而常照。照而常寂也。

普佛世界一時周徧者。表示此心。本自豎窮橫徧也。徧灌諸如來頂者。表示諸佛所證頂法。不過證此心體也。旋至阿難。及諸大眾者。表示阿難大眾同具此心。與十方諸佛元平等也。妙微密性淨明心者。不可思議。故曰妙。真妄同體。故曰微。始終一致。故曰密。垢不能染曰性淨。暗不能昏曰性明。此之心體。雖復人人本有。迷時不知。名之為失。從迷得悟。名之為獲。得清淨眼者。永離青翳。了了見佛性也。由獲此心妙微密義，則無明翳障本空，佛眼清淨。由獲此心性淨之義，則塵沙翳障本空，法眼清淨。由獲此心性明之義，則見思翳障本空，慧眼清淨。又獲此心妙微密義，則知能障所障，體是法界，獲此心性淨之義，二障圓消，獲此心性明之義，五眼圓發也。

㊀二正示見性十。初直指見性是心非眼，二約客塵顯見性不動，三約觀河顯見性無遷，四約垂手顯見性無滅，五約標指顯見性無還，六約周徧顯見性非物，七約無是非是顯見性惟真，八

約外道世諦對簡顯見性非因緣自然，九約二妄合明顯見性非見，十破和合不和合餘疑顯見性離過絕非法爾現證。

(癸)初中二，初以拳例見定其常情，二引例破執正顯見性。(子)今初

阿難，汝先答我見光明拳，此拳光明因何所有，(問光)云何成拳，(問拳)汝將誰見。(問見)阿難言：由佛全體閻浮檀金，赩如寶山，清淨所生，故有光明，我實眼觀，五輪指端，屈握示人，故有拳相。佛告阿難：如來今日實言告汝，諸有智者，要以譬(比況也)喻(曉訓也)而得開悟。阿難，譬如

我拳.若無我手.不成我拳.若無汝眼.不成汝見.以汝眼根.例我拳理.其義均不.阿難言.唯然世尊.既無我眼.不成我見.以我眼根.例如來拳.事義相類.

合轍.前已斥緣心是妄.今欲顯能見是真.故指前見性.疊與三問以詳審.令彼分明答出.然後借事發揮.閻浮檀金.此云勝金.須彌山南.有此檀樹.果汁入水.砂石成金.此金一粒.置常金中.悉皆無色.佛之身色.如之.赤燄曰赩.（迄力切）清淨所生者.言如來不從愛欲生.是從無量功德智慧生.故有光明如閻浮檀金.此答光明因何所有也.我實眼觀者.

依舊認肉眼，爲能見此，答汝將誰見也，如來指端皆有輪相，故曰輪指，屈握者，屈五指而成握，以成拳相，此答云何成拳也，譬如下，以比例問之，譬如我今有手則有拳，例汝有眼則有見，其義是同是別，阿難只解順水推船，不解逆風把舵，不善比例，卻言有眼則有見，有手則有拳，以眼例拳，事義相類，殊不知將箇寂常心性，例成斷滅知見矣。

㊀二引例破執正顯見性

佛告阿難，汝言相類，是義不然，何以故，如無手人，拳畢竟滅，彼無眼者，非見全無，猶云非全無見，所以者何，汝試於途，詢問盲人，汝何所見，彼諸盲人，必來答汝，我今眼前惟見黑暗，更無他矚，以是義觀，前塵自暗，見何虧損，阿難言，諸盲眼前，唯覩黑暗，云何成見，佛告阿難，諸盲無眼，惟觀黑暗，與有眼人，處於暗室，二黑有別，為無有別，如是世尊，此暗中人，與彼羣盲，二黑較量，曾無有異，阿難，若無眼人，全見前黑，忽得眼光，還於前塵見種種色，名眼見者，彼暗中人，全見前黑，忽獲燈光，亦於前塵見種種色，應名燈見，若燈見者，燈能有見，自不名燈，又則燈觀，何關汝事，是故當知，燈能顯色，如是見者，是眼非燈，眼能顯色，如是見性，是心非眼。此中三箇前塵，皆指浮塵眼根，不指色塵。合轍。是義不然者，以無手必無拳，無眼未嘗無見。斥其比例不當，故曰不然。所以下，復引盲人以證。昔有無目山人賣卜，大雨後着鮮鞋路上行，不沾泥滓。人問其故，曰，我柱杖頭上有眼。則知盲人雖是無眼，未嘗無見，故曰前塵自暗，見何虧損也。阿難言下，甚矣，根識之難分也。阿難一向將心眼認作兩物，又不知根與燈光，黑暗皆是見性增上緣。一向認緣失真，故一聞前塵自暗見何虧損之語，撒呆粧昏，便不敢信，反申難云，諸盲眼前一無所見唯覩黑暗云何亦名為見世尊將箇有眼人所見黑暗與無眼人所見黑暗例定以詰尊者是同是別尊者答出曾無有異意謂有眼無眼雖是不同而所見黑暗等無差別又阿難下世尊因阿難無異之答即為例明能見屬心而不屬眼故曰若無眼人在黑暗中得眼光而見色名眼見者彼暗中人在黑暗中得燈光而見色則應名燈見乎若燈有見燈即是見不應名燈若眼有見眼即是見不應名眼當知燈為增上但能顯色不能見色其見色者是眼而非是燈則應例知眼為增上但能

顯色不能見色如是見色之性是心而非是眼尊者向來誤以為二者世尊今日合而為一所謂離之則兩傷合之則雙美也

文句此直指見性以為真心也人妄謂見是肉眼心是緣影孰知肉眼決不能見緣影決不是心人謂眼在面上心在身中判然兩物孰知面上之眼非眼身中之心非心而真心真眼總惟一體哉故前七處破緣影之非心今此一文破肉眼之無見是妄計之心目總無所在也又今明見性即心則前明一切唯心亦可云一切唯見是一體之心目

總無所不統也。當知此中所指盲而不盲之見性，即是下文無動搖，無舒卷，不皺不變，妙明真精，不可還，不是物，無舒縮，無斷續，無是非是非，自然，非因緣，非見聞覺知，非和合，非不和合之見性。業已徹底道破，但因此性久墮依他境中，當機不能徹底領會，故須更加九番精辨，而金沙始了然耳。

㊀癸 二約客塵顯見性不動 二，初默請 二正示。

㊀子 今初

阿難雖復得聞是言，與諸大眾口已默然，心未開悟，猶冀如來慈音宣示，合掌清心，佇佛悲誨。

文句但聞見性是心尚自不知見性寂常妙明之義所以未悟此蓋但聽法音從語生解而不能直下返觀故也

(子)二正示三初徵名驗解二現相證成三結會責失

(丑)初又三初如來問二陳那答三如來印可

(寅)今初

爾時世尊舒兜羅綿網相光手（佛手指有網縵相故曰網相光手）開五輪指誨敕阿難及諸大眾我初成道於鹿園中為阿若多五比丘等及汝四眾言一切眾生不成菩提

及阿羅漢。皆由客塵煩惱所誤。汝等當時。因何開悟。今成聖果。

文句。鹿園地名。

輔行引大論云。昔波羅奈王。入山遊獵。見二鹿羣。數合五百。各有一主。有一鹿主。身七寶色。是釋迦菩薩。復有一主。是提婆達多。菩薩鹿主。見王殺其羣黨。起大悲心。直至王前。諸人競射。飛箭如雨。王見此鹿。無所忌憚。勅諸從人。勿射。鹿至王所。跪白王言。王以小事。一時令鹿受於死苦。若以供饌。當差次送。每日一鹿。王善其言。於是二主各差次送。次當調達羣中。有一母鹿。白其主言。我死分當。而我懷子。子非死次。屈垂料理。使生者不濫。死者得次。王怒之曰。誰不惜命。次來但去。母思惟言。我王無慈。橫見瞋怒。即至菩薩王所。具白王言。大王仁慈。如我今日。天地曠遠。無所控告。具以是白。菩薩王言。若我不理。枉殺其子。若非次更差。後次何遣。惟我當代。思惟既定。即自送身。遣鹿母還羣。菩薩鹿王到其王門。眾人見之。怪其自來。以事白王。王亦怪之。王問曰羣鹿盡耶。而忽自來。鹿王言。大王。仁慈。人無犯者。但有滋茂。無有盡時。但彼羣鹿。歸告於我。我愍之故。若非分差。是亦不可。若縱而不救。無異木石。是身不久。必不免死。慈救苦危。其德無量。若人無慈。與虎狼何別。王聞是語。即從座起。而說偈言。我實是畜獸。名曰人頭鹿。汝雖是畜生。名曰鹿頭人。以理而為人。不以形為人。我從今日始。不食一切肉。我以無畏施。亦可安汝意。諸鹿得安。王得仁信。羣鹿所居。故曰鹿園。即世尊初轉法輪處也。阿若多。此云解。即佛為憍陳那所印之名也。五比丘者。一阿濕婆。此云馬勝。二跋提。此云小賢。三拘利。亦云摩訶男。四憍陳那。此云火器。五十力迦葉。此云飲光。前三是佛父族。後二是佛母族。佛初出家時。父王遣此五人侍衛。佛先於雪山苦行。三人畏苦行者。即散去。後受牧女乳糜之供。（乳糜者。以牛乳為粥也。）二人樂苦行者復散去。共在鹿苑。別修異道。佛成道五七後。方往度之。三轉四諦法輪。陳那最初得解。故名阿若多。等。五比丘也。客塵煩惱。義闕四教。今言鹿園初唱。似屬小乘。實則圓音妙詮。隨人異解。況今借此以顯寂常。斷斷不可偏屬三藏。請略申之。三界依正總名客塵。即是苦諦煩惱。即是集諦。不為所誤。即是道諦。客塵煩惱永滅。所顯涅槃。名為主空。即是滅諦。此藏教義也。客是主家之客。塵是空中之塵。何必滅客塵而後見主空。但不為所誤。則無

殉 集韻徐潤切音徇按師古註曰從也凡以身從物皆曰殉

煩惱此通教義也客塵無量同居方便實報依正皆名客塵煩惱無量見思塵沙無明皆名煩惱用無量道滅無量客塵煩惱方顯無量主空佛性此別教義也主是客人之主客是主人之客以客歸主則無客非主以主殉客則無主非客空是塵相之空塵是空中之塵隨緣不變則性塵真空不變隨緣則性空真塵此圓教義也今經雖借鹿園證成實惟為顯圓義也由不達三界依正唯是客塵誤起見思煩惱所以不成阿羅漢果由不達實報方便依正亦是客塵誤起無明塵沙煩惱所以不

俶 昌六切 音埱

暘 音陽 日出也

成無上菩提。問曰。舊皆以客塵喻見思。今何以喻依正。答曰。依正是依他起性。可喻客塵。見思是徧計執性。毫無自體可得。詎可以客塵喻也。且見思則須斷盡方證涅槃。客塵豈須斷盡方顯主空耶。

㊢寅 二陳那答

時憍陳那起立白佛。我今長老。於大眾中。獨得解名。因悟客塵二字成果。世尊。譬如行客。投寄旅亭。(客舍也)或宿或食。宿食事畢。俶(始也 整也)裝前(進也)途。不遑(暇也)安住。若實主人。自無攸(所也)往。如是思惟。不住名客。住名主人。以不住者名為客義。又如新霽。清暘升天。光入隙中。發明空中諸有塵相。塵質搖動。虛空寂然。如是思惟。澄寂名空。搖動名塵。以搖動者。名為塵義。

文句。三界之中。無一法能停住。無一法不搖動。皆客塵也。悟其為客為塵。故不起煩惱而成聖果。阿難一向妄執緣影為心。正是迷客塵而起煩惱耳。

(寅)三如來印可

佛言如是。

文句。只此一喻。四教俱通。所以印成之也。

(丑)二現相證成又二。初開合寶掌證成客與主義。二飛光動頭證成塵與空義。

(寅)今初

即時如來於大眾中。屈五輪指。屈已復開。開已又屈。謂阿難言。汝今何見。阿難言。我見如來百寶輪掌。如來輪掌。能出寶光。故曰百寶輪掌。而云百者。表一念心。具足百界也。眾中開合。佛告阿難。汝見我手眾中開合。為是我手有開有合。為復汝見有開有合。阿難言。世尊寶手眾中開合。我見如來手自開合。非我見性有開有合。佛言誰動誰靜。阿難言。佛手不住。而我見性。尚無有靜。誰為無住。佛言如是。

文句。對不住方有住。名見性既無不住。又豈有住。住即靜也。住與不住雙遣。方是主義。故佛隨印許

盼 攀去聲 視也

之．

(寅) 二飛光動頭證成塵與空義

如來於是從輪掌中．飛一寶光．在阿難右．即時阿難迴首右盼．又放一光．在阿難左．阿難又則迴首左盼．佛告阿難．汝頭今日因何搖動．阿難言．我見如來出妙寶光．來我左右．故左右觀．頭自搖動．阿難．汝盼佛光．左右動頭．為汝頭動．為復見動．世尊．我頭自動．而我見性．尚無有止．誰為搖動．佛言．如是．

文句．對動說止．見既無動．又豈有止．動止雙遣．方是空義．故佛亦印許之．

㊀丑三結會責失二。初結會。二責失。㊀寅令初

於是如來普告大眾。若復眾生。以搖動者名之為塵。以不住者名之為客。此結會陳如也。汝觀阿難。頭自動搖。見無所動。又汝觀我手自開合。見無舒卷。此結會阿難也。

文句。謂眾生若能如陳如。以一切搖動者皆名為塵。以一切不住者皆名為客。又如阿難頭之動搖。塵也。見無所動。空也。手之開合。客也。見無舒卷。主也。則不被客塵所誤。不起種種煩惱。而菩提羅漢皆可成矣。

㊀寅二責失

巨至切及也

云何汝今。以動為身。以動為境。從始洎終。念念生滅。遺失真性。顛倒行事。性心失真。認物為己。輪迴是中。自取流轉。

文句。謂一切動搖不住之物。皆是客塵。原非實有之身可得。實有之境可得。奈何以動為實有之身乎。以動為實有之境乎。而從始洎終。念念隨其生滅。遺失如空如主之真性一味顛倒行事。辨體性於自心既失其真。反認客塵外物以為自己。所以於本無輪迴心性之中。妄見輪迴。乃是自取流轉。更無他因也。

大佛頂如來密因修證了義諸菩薩萬行首楞嚴經易知錄卷第一終

宗亮和尚

道階法師

各助刻印洋壹佰元正

脩飛髮矢鈲卷一

七六

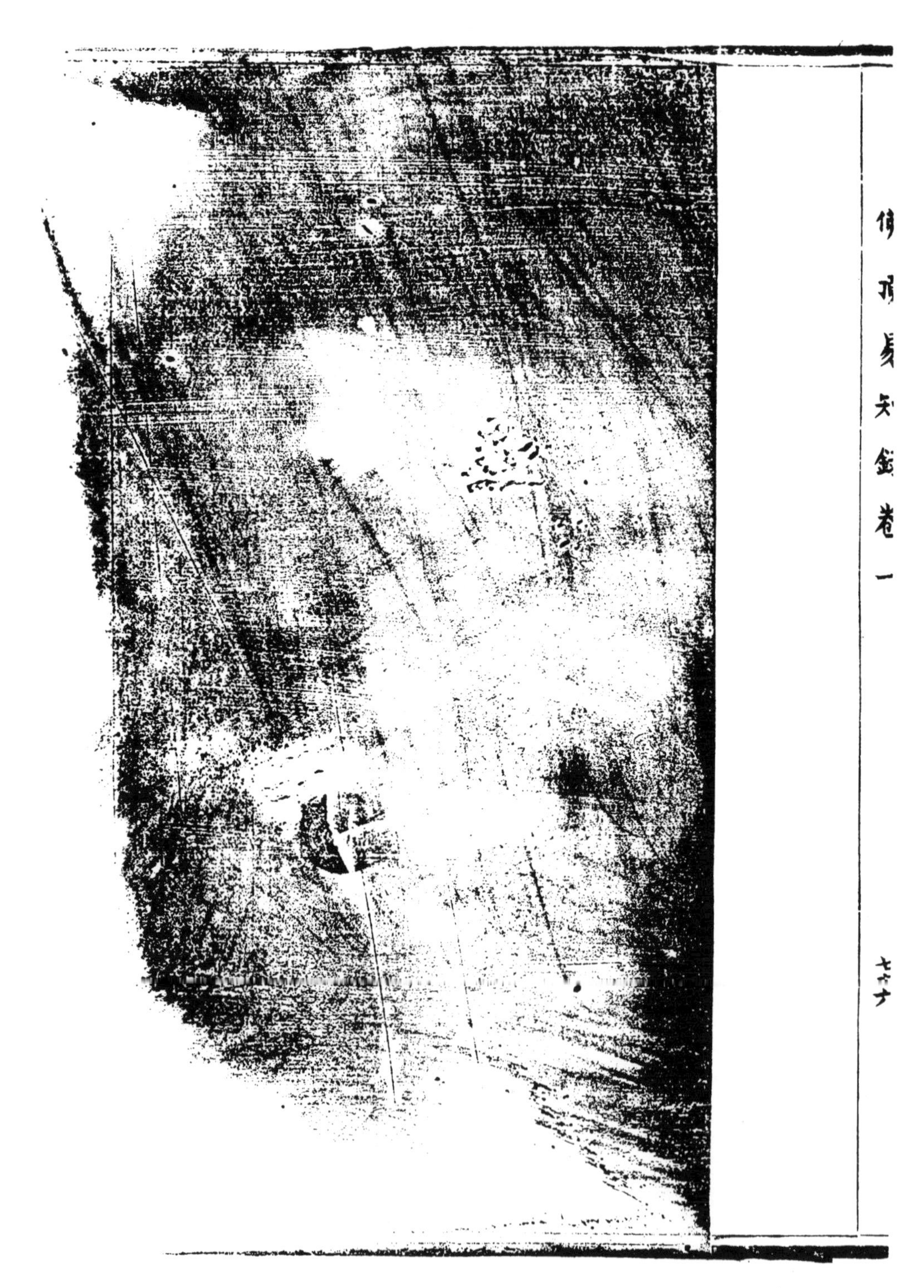

小註既録文句全文反覺另刻爲妙

大佛頂如來密因修證了義諸菩薩萬行首楞嚴經易知錄卷第二

南嶽祝聖沙門釋默庵治定

㊇三約觀河顯見性無遷三。初請問二說示三領悟。

㊀初又二。初阿難密請二匿王顯問。㊁今初

爾時阿難。及諸大眾聞佛示誨前聞佛訶緣影非心。已自矍然。更聞離塵斷滅。咸皆自失。今知見性本無動搖舒卷。故身心泰然泰。安也。念無始來失却本心。妄認緣塵。分別影事。此領上破妄之益。追責前非也。今日開悟。如失乳兒。忽遇慈母。此領上顯見之益。慶幸新得。前以父喻本覺。子喻始覺。今以母喻如來。乳喻法味也。合掌禮佛。乃心念密請也。以如來上文具有身境生滅。失真流轉之責。故願聞如來顯出身心真妄。然只指此身心之中。云何是真。如何是妄。何者是虛。何者是實。虛。實。何者現前生滅與不生滅。何故全真是妄。全實是虛。全不生滅是生滅。發明世間諸性。何故全妄即真。全虛即實。全生滅。即不生滅。發明出世間諸性。故曰二發明性。此則金沙難辨。水乳奚分。自非如來。誰能顯出。故必更約八番研示。乃至廣歷四科。徧融七大。斯義方得究竟明了。當知密請之文。雖在此闕。所請之意。貫於二卷。三卷矣。

㊀丑 二匿王顯問

時波斯匿王。起立白佛。我昔未承諸佛誨敕。見迦旃延毘羅胝（竹尼切）子。咸言此身死後斷滅。名為涅槃。我雖值佛。今猶狐疑。前文借客顯主。借塵顯空。空即是寂。主即是常。則已備顯寂常心性。

狐 獸也其性多疑凡過

氷處聽水無聲然後方行葢喻猶豫不決者也

但時流久習斷滅戲論。故於見無動搖卷舒之處。寂義雖知常義未領。故有狐疑也。今更躡此而為問端。故曰云何發越揮散其疑情。使我證知此心不生不滅之地。今此大衆。諸有漏者。咸皆願聞。

文句。迦旃延。及毘羅胝子。二外道名。梵語涅槃。此翻滅度。本是超脫生死之名。彼人邪計。謂死後斷滅。無復苦樂。即名滅度。撥無二世因果。大邪見也。名義集。具云迦羅鳩陀迦旃延。此云翦髮。姓也。迦羅鳩陀。此云牛領。字也。輔行云。此外道說殺害一切。若無慚媿。不墮地獄。猶如虛空。不受塵水。此撥無因果斷滅見也。

直指毘羅胝子。應云删闍夜毘羅胝。删闍夜。此云正勝。字也。毘羅胝子。此云不作。母名也。畧曰毘羅胝子。輔行云。此外道說諸衆生所作。自在如地。淨穢等載。三大亦然。等洗等燒等吹。如秋杌樹。春則還生。以還生故。斬杌何罪。此閒命終。還生此閒。苦樂受報。不由現業。現在無因。未來無果。無因無果。故為斷滅也。

㊉二說示二。初明身有生滅。二明性無生滅。

㊉今初

佛告大王。汝身現在。今復問汝。汝此肉身。為同金剛常住不朽為復變壞。世尊。我今此身。雖曰現在。不可久保。終從變滅。佛言。大王。汝今此身。色力尚強。現未曾滅。云何預知此身必斷滅耶。世尊。我此無常變壞之身。雖未曾滅。我觀現前。念念遷謝。新新不住。如火成灰。漸漸消殞。殞亡不息。決知此身當從滅盡。佛言。如是。大王。汝今生齡。已從衰老。顏貌何如童子之時。世尊。我昔孩亥平聲孺。而遇切膚腠千候切潤澤。年至長成。血氣充滿。而今頹杜回切齡。迫於衰耄。莫報切形色枯悴。泰醉切精神昏昧。髮白面皺。逮度耐切將不久。如何見比充盛之時。佛言。大王。汝之形容。應不頓朽。王言。世尊。變化密移。我誠不覺。但見寒來暑往遷流不息漸至於此。何以故。我年二十。雖號年少。顏貌已老。初十歲時。三十之年。又衰二十。於今六十。又過於二。觀五十時。宛然強壯。世尊。我見密移。雖此殂落。其閒流易。且限十年。若復令我微細思惟。其變寧惟一紀二紀。實為年變。豈惟年變。亦兼月化。何直但也月化。兼又日遷。沉思諦觀。剎那剎那。念念之閒。不得停住。故知我身終從變滅。

文句。始生曰孩。稍長曰孺。皮表名膚。文理名腠。二十三十曰長成。七十曰衰老。八十九十曰耄。今六十二。已近衰老。故名為迫逮。逮及也。言死期將及也。

殂落者，遷謝之義，紀者，一十二年，即所謂且限十年，變其文耳，剎那者，最短之時，一念具九十剎那，一剎那中有九百生滅，非精細觀察不能知也，故曰悟無生者，方見剎那，此一段文可與人命呼吸為註脚，亦可與四運（輔行，未生，欲生，生，生已，為之四運，）觀心者，作先容也，真實為生死者，讀此必當惕（他歷切憂也）然（而泣下也，）

㉃ 二明性無生滅

佛告大王，汝見變化，遷改不停，悟知汝滅，亦於滅時汝知身中有不滅耶，波斯匿王合掌白佛，我實不知，佛言我今示汝不生滅性大王汝年幾時見恒河水王言我生三歲慈母攜我謁耆婆天經過此流爾時即知是恒河水佛言大王如汝所說二十之時衰於十歲乃至六十日月歲時念念遷變則汝三歲見此河時至年十三其水云何王言如三歲時宛然無異乃至於今年六十二亦無有異佛言汝今自傷髮白面皺其面必定皺於童年則汝今時觀此恒河與昔童時觀河之見有童耄不王言不也世尊佛言大王汝面雖皺而此見精性未曾皺皺者為變不皺非變變者受滅彼不變者元無生滅云何於（元無生滅之）中受

下文還有問答直徹底顯性之妙辨今何不錄其全文以示來學倘後者刻版因緣經事者請弗遺漏

汝生死耶。夫性既無生死。身亦決無生死可得。豈非舉體即無生乎。而云是身無常。話成兩橛。亦可嘅矣而猶引彼末伽梨等。都言此身死後全滅。

文句此正於現前生滅身中。顯出真實不生滅性文句此正於現前生滅身中。顯出真實不生滅性也。變化密移容也髮白面皺塵也而如主如空之見性。不皺不變性無生滅。奈何溺於斷見。而不自覺悟哉。末伽黎。亦外道名。與前二種外道。皆計斷滅者也。問曰。今有老眼昏花觀水不辨清濁者。又云何通。答曰。若領前文盲人見暗之喻。則不須此問矣。故今文中。不惟說見精二字。必云性未曾皺以精猶帶妄。明昧或殊。性不可改終非斷滅故耳。細心體會。則見見非見之旨。思過半矣。

王聞是言。信知身後捨生趣生。融室云。捨生趣生者。謂捨前陰。而復趣三有。生後陰也。與諸大眾踊躍歡喜。得未曾有。

文句捨生趣生，且約破於外道斷見而言之也。又復應知正生滅中，性不生滅，而此不生滅性，即舉全體而捨生趣生，已顯隨緣不變不變隨緣之妙。否則仍是一分無常指身也一分常指性也矣。

(癸)四約垂手顯見性無滅二，初疑問二示答。

(子)今初

阿難即從座起，禮佛合掌，長跪白佛：世尊若此見聞之性，必不生滅，云何世尊名我等輩遺失真性，顛倒行事。而匿王獨不名遺失真性，顛倒行事耶。長水疏：王之與我，孰親孰疎，苟或殊途，如何分辨。願興慈悲洗我塵垢。

文句、如來所指元無生滅、乃是見聞之性、喻如大海、全體阿難所計見聞之用、依舊局在身中、喻如大海一漚、先須知此問端下落、方知下文答在問處、

㊀子 二示答二、初順世立喻、二正以法合、 ㊀丑 今初

即時、如來垂金色臂、輪手下指、示阿難言、汝今見我母陀羅手、為正為倒、阿難言、世間眾生以此為倒、而我不知誰正誰倒、佛告阿難、若世間人以此為倒、即世間人將何為正、阿難言、如來豎臂、兜羅綿手、上指於空、則名為正、佛即豎臂告阿難言、若此顛倒、首尾

相換諸世間人一倍瞻視
文句此先立同喻以為法說張本也舊註喚正為倒喚倒為正先與世人苦諍一番全無道理又與下文法合之處毫不相應極為不通交光破之甚快蓋阿難與佛俱惟順於世間但取臂之雖倒不失人所易明心之雖倒不失人所難曉以易例難而已若此顛倒等者意謂均此一手臂也上指則名為正何曾增一絲毫下指便名為倒亦何曾減一絲毫不過是首尾相換而已此乃世間人一倍瞻視極其明白者也故下文即以法合文理俱暢

矣、母陀羅手、此云印手、一倍猶言明白、更加明白、

㊀丑二正以法合三、初直舉法合、二敕令諦觀、三備明倒因、㊀寅今初

則知汝身、與諸如來、清淨法身、比類發明、將上指於空之兜羅綿手、來比如來之身、則如來之身、名正偏知、將下指之輪手、來類汝等之身、則汝等之身、號性顛倒、

文句、承上而言、手既如此、則知汝身佛身、亦可以比類發明矣、如來之身名正偏知者、譬如手雖無增、但上指於空、則頭是頭、尾是尾、舉世皆以為正也、汝等之身號性顛倒者、譬如手雖無減、但垂臂

下指則頭作尾，尾作頭，舉世皆以為倒也。此但直爾法合，未出所以顛倒之相，故下文且令諦觀。

㊖二敕令諦觀

隨汝諦觀汝身佛身。（比類發明，佛身名正偏知，汝身稱性）稱顛倒者，名字（在）何處號為顛倒。於時阿難與諸大眾，瞪（徐庚切，直視貌）瞢（木空切，昏悶不了也）瞻佛，目睛不瞬。（瞬，目動也）不知身心顛倒所在。

文句：手之顛倒易知，身之顛倒難見，所以敕令諦觀，意欲其恍然自悟，而積迷既久，故不知也。

㊖三備明倒因又二：初示無倒性，二示顛倒相。

卯 今初

佛興慈悲，哀愍阿難，及諸大眾，發海潮音，徧告同會諸善男子，我常說言，色心諸緣，及心所使，諸所緣法，唯心所現，汝身汝心，皆是妙明真精妙心中所現物。

文句，海潮音者，應機而發，猶如大海潮，不失限，又其音圓徧，猶如海潮普徧圓滿也，此是第二番徹底顯性之文，以阿難不達現前一念見聞之性，本自豎窮橫徧，量若虛空，亦無虛空之相，而固認藐爾（小也）身心，不知身心，但是心中所現之物，非能現也，故今直指之曰，我常說言，色心諸緣，及心所使，諸所緣法。惟是汝今現前一念見聞之心所現。汝所謂身。汝所謂心。皆此妙明真精妙心中所現之物耳。以吾人現前一念見聞之性。離名絕相故曰妙。洞徹虛靈故曰明。體無偽妄故曰真。性無雜染故曰精。合此四義不可思議。故曰妙心也。色。即十一色法。心。即八識心王。諸緣。即所謂心法四緣生。色法二緣生等。心所使。即五十一心所法。諸所緣法。即二十四種不相應行。乃至世出世間一切諸法也。此等諸法。皆唯現前一念見聞之心所現。此現前一念見聞之心。即是妙明真精妙心。非同阿難等惑在身內昏擾擾相之心也、達此現前一念見聞之心、無法不現、則首是首、尾是尾、如手上指雖無所增、舉世皆以為正、此如來之身、所以為正徧知也

㊀卯二示顛倒相

云何汝等遺失、(言遺失者、文句謂此現前見聞心性、不假修證、故名)本妙、(寂而常照、故名)圓妙明心、(照而常寂、故名)寶明妙性、(只今現現成成、無餘無欠、云何汝等不肯體)認、(而遺失之、反於此本)悟(體)中、(僅僅認取一點)迷(情、遂將此本覺性海、)晦昧(而)為(頑)空、(於)空晦暗中、結暗(而)為(幻)色、(以此幻)色、(夾)雜(迷情)妄想、(隨所)想相(以之)為身、聚(集妄想)緣(氣於)內搖(蕩、)趣(逐)外(境)

擾擾者煩亂之貌

直解全潮則徧海而涌故云窮盡瀛渤

而奔馳騰逸。喚此昏擾擾相。以為心性。而不知其實非心性也。一迷此以為心。則決定惑為色身之內。而不知此色身外泊山河虛空大地咸是我現前一念妙明真心中物也。昏擾擾相等者。迷妙明心。故舉體成昏。迷明妙性。故舉體擾擾。迷本妙心性。故舉體惑為色身之內。不知汝自妄認昏者為心。而現前圓妙明心。元未嘗昏。汝自妄認擾者為心。而現前實明妙性元未嘗擾。汝自妄認身內為心。而現前本妙心性。元非在內。試詳味前文。盲人見暗。乃至後文覺非眚中諸義。當自得之。譬如澄清百千大海。雖舉體成漚。而海體何曾減失。但上文如來所指現前見性。正指大海全體。而阿難只今所計見聞。必不生滅。仍復局在身中。正如一浮漚體。乃因迷之而不返。是棄澄清百千海之大也歟。夫認一浮漚體。已是迷情。目此一漚而為全潮。便言窮盡瀛渤。豈非汝等即是迷中倍人也。倍人者。乃迷中之迷人也。此正首尾倒置之甚。如我垂手向下。等無差別、然我垂手向下。雖無所滅。而舉世皆以為倒矣。如來說豈不為可憐愍者、哉。然認悟中迷。意稍難解。今更以兩義釋之。一約無始無明。二約現前觀照。茲錄其一。若一念觀智分明。則舉本妙圓妙明心。寶明妙性。覿體全彰。名之為悟。此時並無虛空四大身心等相可得。若一念失於觀照。即復舉體成迷。而空色身心。俄然幻現。所謂晦昧為空等也。又復應知。若無無始無明。則無現前一念。若離現前一念。亦別無無始無明。故此二義只成一義。祇要阿難大眾。識取現前見聞之性。不墮迷情而已。狂心頓歇。歇即菩提。一念相應一念佛。豈更有無始無明。積聚處所可追取而斷之耶。學者不可不知。

㊀癸 五約標指顯見性無還二。初陳請。二開示。

㊀子 今初

阿難承佛悲救深誨。復垂泣叉手而白佛言我雖承佛如是妙音，悟妙明心，元所圓滿常住心地。長水疏：因佛廣示顛倒，顯出真心，於能詮言音，悟所詮心地。心有能生可依止義，喻之地也。而我悟佛現在說法之音，現以緣心，允所瞻仰，夫緣心有聞法，而起信仰功能，彼妙明心，雖則元所圓滿，毫無作用，乃凝然一物，故徒獲此心，未敢認為本元心地。然則緣心妙心，取捨奚從。願佛哀愍宣示圓音，音，教也。謂願佛宣示圓滿修多羅了義言教。拔我疑根，歸無上道。

文句：大凡久執緣影，既不能全體放下，則於妙明見性，必不能直下承當，此是但聽說法，不知反觀心性之通病也。惟其不肯反觀心性，仍計緣心實能聽法，而不知緣影無性，決無聽法功能，能聽法者即是本元心地之力用耳。

㊀子 二開示二。初以喻總明。二就體別簡。

㊀丑 今初

佛告阿難。(緣影之心。的的不能聽法。而)汝等尚(妄)以緣心(為能)聽法(耶。既妄計緣心能聽。)此(則並我所說之)法。亦(為塵)緣。(而)非得法性。如人以手指月示人。彼人因指當應看月。(不應觀指。)若復觀指以為月體。(終不得月矣。)此人豈惟(但也)亡失月輪。亦忘其指。何以故。以所標指為明月故。(此人)豈惟亡指。亦復不識明之(月。)與(指之)暗(矣。)何以故。即以指體為月明性。明暗二性。無所了故。汝亦如是。(應以法合之曰。今佛以聲音指示汝。等見性。汝等因我說法。當應反觀自己見性若復分別法音以為見性。汝等豈惟亡失見性。亦亡法音。何以故以法音聲為見性故。豈惟亡此法音。亦復不識誰是有知。誰是無知。何以故。即以法音緣影。為是有知。而能聽法。如以指為明。而真能聽法之妙明心。反未敢認為本元心地。如以月為暗矣。豈不謬哉。此中總以月喻見性。指喻法音。觀指之影。喻緣心也。

㊀丑 二就體別簡二。初簡緣心可還如觀指影。二示見性無還。如天上月。

㊀寅 初中二。初近就音聲分別以明無性。二廣歷諸法分別以示可還。

㊀卯 今初

若以分別我說法音。為汝心者。此心自應離分別音。有分別性。方可名為汝心。譬如有客寄宿旅亭。暫止便去。終不常住。而掌亭人都無所去。名為亭主。今此分別音者。亦復如是。若使真是汝心。則無所去。云何今乃離聲更無分別之性。與掌亭人不相似耶。

文句。此中初二句是縱詞。譬如下是設喻。此亦如是下。是以法合而奪之也。

㊇卯 二廣歷諸法分別。以示可還。

斯則豈惟聲分別心。分別我容。離諸色相。無分別性。如是乃至分別都無。非色非空。拘舍離等。昧為冥諦。離諸法緣。無分別性。則汝心性。各有所還。云何為主。

文句。此極言一切分別。皆無自性。皆是可還。而決不可誤認為主也。承上文言。斯則豈惟因聲而有分別之心毫無自性即汝分別我三十二相妙容之心離諸色相亦更無分別性如是乃至分別香味觸法之心離彼香味觸法亦更無分別性縱令分別彼都無非色非空境界拘舍離等所昧為冥諦者亦即以此冥諦而為法緣若離此冥諦法緣亦更無分別性也繇此言之分別聲者還之於聲分別色者還之於色乃至分別冥諦者還之於冥諦汝若欲認此分別以為心性則汝心性各有所還云何為主耶

義海冥諦者或云冥性或云自性梵云僧伽奢薩

怛囉。此云數論。立二十五諦。最初一諦名為冥性。計以為常。第二十五名為神我。亦計為常。我思勝境。冥性即變二十三諦。為我受用。我既受用。為境纏縛。不得解脫。我若不思。冥諦不變。既無纏縛。我即解脫。名為涅槃。拘舍離者。外道名也。非即數論。是彼類耳。趣爾舉也。

(寅)二示見性無還如天上月又二。初承責咨請。二正示無還。(卯)今初

阿難言。若我心性各有所還。則如來說妙明元心。云何無還。耶。惟垂哀愍。為我宣說。

(卯)二正示無還又三初就月喻顯法體二以可還顯不還三結不還是本心　(辰)今初

佛告阿難且汝見我（之）見精明元此見（精明元）雖非妙精明心如第二月（乃捏目而見耳然）非是（水中之）月影（也）

文句此直指現在見精如天上月不同緣塵分別之如月影也但以見為能見佛為所見於一體中妄成見相二分猶如捏目妄見二月不得即名之為妙精明心若達能所不二惟一真心則如來藏性觀體無遺矣

(辰)二以可還顯不還

暝 音明

埻 蒲没切

紆 憶俱切

氛 符分切

霽 子計切

汝應諦聽今當示汝無所還地阿難此大講堂洞開東方日輪升天則有明曜中夜黑月雲霧晦暝則復昏暗戶牖之隙則復見通牆宇之間則復觀壅分別（猶言差別）之處則復見緣頑虛之中徧是空性鬱埻（乃風霾昏濁之象）則紆（結）昏塵澄霽（乃晴明開朗也）斂氛（乃山嵐已收也）又觀清淨阿難汝咸看此諸變化相吾今各還本所因處云何本因阿難此諸變化明還日輪何以故無日不明明（之本）因屬日是故還（之於）日暗還黑月通還戶牖壅還牆宇緣還分別（亦是差別之義）頑虛還空鬱埻還塵清明還霽則諸世間一切所有（總）不出（於）斯類汝（今能）見（此）

八種之見精明性。當欲誰還。何以故。若還於明。則不明時無復見暗。今雖明暗等種種差別。而見精明性總無差別。豈可還乎。

文句。見無差別。正顯與八種塵緣不同。故終不可還也。

(辰)三結不還是本心

諸可還者。自然非汝。不汝還者。非汝而誰。則知汝心本妙明淨。汝自迷悶。喪本受輪。於生死中。常被漂溺。是故如來名可憐愍。

文句。言八種塵緣之可還者。既自然非汝。則此見精明性。不容汝有所還者。非是汝之本元心地。而是誰哉。此心不可思議。故本妙。此心能見八種。故本明。此心不是八種。故本淨。而今汝自迷悶。反不敢認為本元心地。所以喪本受輪。枉漂溺於生死海也。大似演若迷頭認影。豈不深可憐愍。

(癸)六約周徧顯見性非物 二。初示無差別義。二示無大小義。

(子)初中二。初問。二答。 (丑)今初

阿難言。我雖識此見性無還。文句。須知阿難此時仍未全捨緣心。所以聽佛法音。不能直下反觀自性。卻於云音之上。變成一段昭昭靈靈光景。現在目前。喚作見性。所以不敢謂是云何得知是我真性。不知設有昭昭靈靈一段光景。便是物件。而非我之真性。故曰見性矣。故佛以非物破之。

㊀丑一答中三。初約迷悟明無差而差。二約自他明差而無差。三正示見性非物。㊀寅今初

佛告阿難。吾今問汝。今汝未得無漏清淨。承佛神力。見於初禪。得無障礙。而阿那律。見閻浮提。如觀掌中菴摩羅果。諸菩薩等。見百千界。十方如來。窮盡微塵清淨國土。無所不矚。眾生洞視。不過分寸。

文句。阿那律。此云無貧。天眼第一。徹見大千。故觀閻浮如掌果也。菴摩羅。此方所無。或翻難分別。以

生熟難分故，此段文意為顯見性惟一，迷悟天殊，然迷悟雖殊，見性無二，洞視分寸之見性，即是窮盡國土之見性，譬如一星之火，便可燎原，玉篇，燎，放火也，爾雅釋地，大野曰平，廣平曰原，言小許之火，可偏燒平原諸林木也，無奈眾生自局迷情，而此見性，的是各各自具之真性也，

㊢二約自他明差而無差

阿難，且吾與汝，觀四天王所住宮殿，中間徧覽水陸空行，諸所物象，雖有昏明種種形象，無非前塵分別留礙，汝應於此能見所見萬象之中，分別自他，今吾將汝擇於所見之中，誰是汝之我體，誰為物象，阿難，極汝見源，如云盡汝眼力

也。從日月宮。一一諦觀。皆是物而非汝之見性也。至七金山。周徧諦觀。雖種種光。亦皆是物而非汝之見性也。漸漸更觀雲之騰。鳥之飛。風之動。塵之起。與夫樹木山川。草芥人畜。亦咸是物而非汝之見性也。阿難。是諸近之山川草木。遠之日月宮。及七金山。諸有物象。羅列於汝見性之中者。雖復差殊。同是汝之見精。清淨所矚。則諸物類自有差別。而汝見性無殊。此見精妙明。誠汝之見性也。

文句。分別自他者。物是他而非自。見是自而非物也。此段文意。正顯種種有差別者。是物是他。清淨見精無差別者。非物非他。即真汝性。所以酬其云何得知是我真性之問也。
彰所知論。詳夫須彌之為山也。其高八萬踰繕那。（亦云由旬）乃四寶所成。東銀。南瑠璃。西玻瓈珂。北金也。
此外七金山者。一踰乾陀羅山。此云持雙。高四萬由旬。二伊沙陀羅山。此云持軸。高二萬由旬。三佉得羅柯山。此云擔木。高一萬由旬。四修騰婆羅山。此云善見。高五千由旬。五阿輸割那山。此云馬耳。高二千五百由旬。六毘尼怛迦那山。此云象鼻。高千二百五十由旬。七尼民陀羅山。此云魚嘴。高六百二十五由旬。四大洲外有輪圍山。高三百一十二由旬半彼等廣量各各自與出水量同七山間諸龍王等游戲之處名曰戲海八山間七海近妙高者一踰乾陀羅海廣八萬由旬二伊沙陀羅海廣四萬由旬三佉得羅柯海廣二萬由旬四修騰娑羅海廣一萬由旬五阿輸割那海廣五千由旬六毘尼怛迦那海廣二千五百由旬七尼民陀羅海廣一千二百五十由旬盈八功德水八山七海其相咸方外海味鹹尼民陀羅至輪圍山二山相去三洛叉二萬二千由旬其外海水雖無有分由妙高色東海色白南海色青西海色紅北海色黃

現是等色故稱四海是彼周邊三十六洛叉七百五十由旬外輪圍山周圍三十六洛叉二千六百二十五由旬日宮者火珠所成徑五十一由旬周圍百五十三由旬厚六由旬零十八分上有金緣其上復有金銀瑠璃玻瓈珂等秀成四角日天子等所居宮殿由風運行一晝一夜繞四大洲日行向北時日即長南行時短行南北間時晝夜停由遊處光即有寒暑為冬夏際北行六月南行六月行至中道曰日月迴星輪歷徧謂曰一歲月宮者水珠所成徑五十由旬周圍百五十由旬厚六由

旬零十八分。其上復有金銀瑠璃玻瓈珂等秀成四角。月天子等所居宮殿。是彼日月相去遠近自影增減。由增一分即生上半。十五分畢。謂曰圓滿。由減一分。即生下半。自影覆蔽。十五分畢。曰不圓滿。由增減故。名曰宿空。由一晝夜名曰宿地。如是三十。名曰一月。

㊂三正示見性非物

若使此見不是汝性。而是一物者則汝之見。既是一物。吾之見亦是一物。而汝亦可見吾之見矣。又汝若但以與吾同見前物者。即名為見吾乎。蓋之見。則吾見時。既見吾見之處。吾不見時。何不亦見吾不見之處彼既謬謂見是一物。則吾放出此一物時。見其放在眼前。吾收拾此一物時。亦當見其收拾在一處也。又若妄謂見有一箇吾不見處。此則但是汝不見處。自然非彼如來分中不見之相矣。豈可以汝妄心中所想不見之相。謂是如來不見之柏哉。如此展轉破竟。方結示云。若汝實不見吾不見之地。則此見性。自然非昭昭靈靈之一物。云何而非汝之性耶。又若妄計見是一物。則物亦當能見。是則汝今見物之時。汝既見物。物亦見汝。物體見性。紛然雜亂。不知誰能誰所。誰自誰他。誰為正報。誰為依報。破壞世諦法相。則汝與我並諸世間不成安立。又豈有是理哉。此繇阿難全迷見性認作一物。故得以此破之。若達一切惟心。則境智互照。便成四句法門。中論。自生。他生。共生。無因生。四句。皆墮性計。今言境智互照。便成四句法門者。法華釋籤。約四悉檀因緣。可作四說也。玄義問。智能照境。境亦照智不。答。若作不思議釋。更互相照。義亦無妨。釋籤釋曰。還依不思議答。故能相照。何者。智既是心。境亦是心。既俱是心。俱是法界。心心相照。有何不可。乃深顯第一義諦。而世諦法相。仍無破壞矣。承上破竟。方正結云。阿難若汝見時。但是汝而見。非我則見。見性周徧。非汝之真性。而更屬誰之真性哉。云何自疑汝之真性。性本在汝而不以為真。反取我言以求實耶。

㊀二示無大小義二。初疑問。二答釋。㊀今初

阿難白佛言。世尊。若此見性。必我非餘。我與如來。觀四天王。勝藏寶殿。東方持國。南方增長。西方廣目。北方多聞。為四天王。其所住之寶殿。乃眾寶所成。故稱勝藏。居訓及也日月宮。此見周圓。徧娑婆國。退歸精舍。祇見伽藍。清心戶堂。但瞻簷廡。世尊。此見如是。其體本來周徧一界。今在室中。唯滿一室。為復此

見縮一界之大為一室之小耶。為當彼牆宇夾令斷絕耶。我今不知斯義之所在。願垂弘慈為我敷演。

文句此蹑阿難意中。仍以昭昭靈靈之物。喚作見性。故雖如來重重結屬彼則重重疑惑。終不敢認耳。必我非餘者。承上非汝而誰之語。而言之也。至此尚不肯認為自己。故佛以迷己為物責之。故知合前一節的是同顯見性非物之旨也。

㊀丑二答釋二。初破執。二會通。㊁寅令初

佛告阿難。一切世間大小內外。諸所事業相用。各屬眼前塵境。夫塵有大小。見無數量。不應說言汝之見性。有舒縮也。譬如方器中間無物。唯見方空。吾復問汝。此方器中。所見方空。為復定方耶。為不定方耶。若方器中空。定是方者。除卻方器。別安圓器。於圓器中。空應不圓。空既隨圓。非定方也。若方器中空。不定方者。在方器中。應無方空。空既隨方。非不定也。可見方圓諸器。悉屬前塵。見無方圓。於此益彰。汝言不知斯義所在者。蓋不變隨緣。隨緣不變之義性如是。云何為在。故定與不定。皆為戲論也。阿難。若復欲令入無方圓。喻顯返妄歸真意也。但除器方。空體無方。喻顯此之妙性。正隨緣時。從來不變。但離妄緣。本體如故也。不應說言。更除虛空。方向所在。喻顯性體元無諸妄。今亦無妄可除也。此喻雙顯性修妙旨。極為親切。人多忽之。若如汝問入室之時。縮此見性令小。仰觀日時。汝豈挽此見性齊於日面之大乎。面邊也。見性之跡。即是疑見性有大小之義。決不然矣。

若築牆宇能夾見性分斷。穿為小竇。孔也。寧無接續。

㊅寅 二會通

一切眾生從無始來。迷已為物。失於本心。為物所轉。故於是中觀大觀小。若能轉物則同如來。身心圓明。不動道場。周遊十方。而作佛事者。蓋已達於一毛端徧能含受十方國土。故也。

文句此即第三番徹底顯性之文也。蓋十方依正。總是妙心中所現物。所謂盡大地是箇自己。而今迷之以為外物。失於本有真心。反被外物所轉。故於是中觀大觀小。豈知大亦唯心。小亦唯心。唯心之大。大即法界。元無大相。唯心之小。小亦法界。元無小相。但使能達唯心。則悟物為己。便能轉物。若能轉物。則物物皆己。頓同如來。幻化空身即法身。故身圓明。無明實性即佛性。故心圓明。徹塵國土。自他不隔於毫端。十世古今。始終不離於當念。故不動道場。一毛端法界之性。即十方國土法界之性。故徧能含受也。

(癸) 七約無是非是顯見性惟真。二。初疑問。二答釋。

(子) 今初

阿難白佛言、世尊、若此見精必我妙性、今此妙性分明現在我前、此見既必是我真性則我今現在身心復是何物、而今此之身心、卻是分別有實、猶言實有分別彼現前見性凝然不動無別功能、分辨我身、若此見性果然實是我心、令我現今可見、則此見性實我、而身反非是我、何殊如來先所難言物能見我、即惟垂大慈、重為啟迪開示發散未悟之疑、文句、阿難自從屈指飛光驗見之處、已從分別心中、變現一種昭昭靈靈凝然不動光景、頓在目前、喚作見性、至聞百千大海譬喻、其計轉堅、故有未敢認為本元心地之疑、云何得知是我真性之疑、若此見性必我非餘之疑，皆從此計發出。今被如來種種開示，勢窮力盡，方將病根一口呈露，而曰今此妙性現在我前也。

㊀子 二答釋二。初所破是非兩途，二會通真性一理。

㊀丑 初中四。初正破是見，二轉破非見，三大眾茫然，四世尊安慰。

㊀寅 今初

佛告阿難，今汝所言見在汝前，是妄誕也。其義非實。若此見性實在汝前，使汝確實見其相狀者，則此見精既有方隅所在，決可指示，在某處某處。非無指示也。且今與汝坐祇陀林，徧觀林樹溝渠求於切及與殿堂，上至日月，前對恒河，汝今於我師子座前舉手歷歷指陳是種種相陰者是林明者是日礙者是壁通者是空如是乃至草樹纖毫大小雖殊但可有形無不指著若必其見性現在汝前汝應以手確實指陳何者是見性阿難當知若空是見性而空既已成見性何者是空即若物是見性而物既已是見性何者為物即汝可微細披開剝折萬象析辨也出精明淨妙見元之體指陳示我同彼諸物分明無惑方許汝說現在汝前耳　阿難言我今於此重閣講堂遠洎恒河上觀日月舉手所指縱目所觀指皆是物無是見者世尊如佛所說況我有漏初學聲聞豈能指出見精示人

乃至菩薩亦不能於萬物象前剖出精見離一切物別有自性佛言如是如是

文句是義非實一句直奪其非若實汝前已下縱許而令指出也阿難決定不能指出則見性不現在前明矣故印成之

㊄二轉破非見

佛復告阿難如汝所言決定無有見精離一切物別有自性則汝所指是諸物象之中無有一物而是汝之見精者令復告汝汝與如來坐祇陀林更觀林樹苑囿乃至日月種種象殊必無見精受汝所指汝又發明此諸

物中何者非是汝之見精。阿難言。我實徧見此祇陀林。不知是萬象中何者非我之見精。何以故。若樹非見。云何見樹。若樹即見。樹當名見。復云何名之為樹耶。如是乃至若空非見。云何見空。若空即見。空當名見。復云何名之為空耶。我又思惟。是萬象中微細發明。無有一物而非我之見者。佛言如是如是。

文句。常情既聞破物是見。必將轉計物非是見。故乘此即反徵之。而阿難亦知其無非見也。佛亦印之。

按見相二分。無可分析。蓋離相無見。離見無相。達

惶 胡光切
悚 息拱切

此則舉全體之見相，無非法界，溪聲廣長舌，山色清淨身，復何是非是之兩關可得者哉，否則未免一時惶悚也

㊣寅三大眾茫然

於是大眾，非無學者，聞佛此（兩番印可之）言，茫然，（懞昧不明之貌）不知是義終始，一時惶（恐）悚（懼），失其所守，（貫珠，或是或非，決於一定，則可為守，今則雙許，曾無一定，故惶悚失守也。）

文句，是義者，無是非是之義也，終者，義所歸竟，始者，義所從來，答中本是妙明真心，妄為色空，及與聞見，正顯是義之所始，此見及緣，元是菩提妙淨

忝他點切辱也

明體。正顯是義之所終。又觀見與塵。種種發明。則是非方始。縣是真精妙覺明性。則是非終息矣。

(寅)四世尊安慰

如來知其神魂心慮。震變怯慴。之涉切心生憐愍。安慰阿難。及諸大眾。諸善男子。無上法王。是真實語。如所如說。不誑不妄。非末伽梨。四種不死。矯居夭切妄也亂論議。汝諦思惟。無忝哀慕。

文句此義難明。須待文殊對辨。故先以慈音安慰之也。無偽曰真。稱理曰實。不變名如。心境相應名不誑。懸見未然名不妄。亦名不異。如來五語。大與

疇直由切，左傳註疇昔猶前日也

外道四種論議不同，須是諦審思惟，方有會悟，不宜徒自辱其哀慕，此亦策以觀心默體之意也，不死矯亂，解在行魔文中。

㊀丑二會通真性一理二，初文殊述疑啟請，二如來垂慈示答。

㊁寅今初

是時文殊師利法王子，愍諸四眾，在大眾中，即從座起，頂禮佛足，合掌恭敬，而白佛言，世尊，此諸大眾，不悟如來，發明二種，一者精見，二者色空，是非是義，世尊，若此前緣色空等象，若是見者，應有所指，若非見者，應無所矚，而今不知是義所歸，故有驚怖，非是疇昔善根輕鮮。少也惟願如來大慈發明此諸物象之相分。與此見精之見分。元是何物。於其中間無是無非是。

文句。若此前緣下。代眾述疑。惟願如來下。正請垂答也。

(寅)二如來垂慈示答二。初示妙體絕待。二示迷悟得失。

(卯)初中二。初正明絕待。二引例釋成。(辰)今初

佛告文殊。及諸大眾。十方如來。及大菩薩。於其自住三摩地中。見與見緣。并所想相。如虛空華。本無所有。此見精及前緣色空等象。元是菩提妙淨明體。云何於中。

有是非是。

文句。此是第四番徹底顯性之文也。自住三摩地者。所謂自受用三昧。即大佛頂首楞嚴王三昧是也。如來究竟菩薩分證。故皆能知法自性。徹法源底。不墮是非。是妄想中也。見者。八識能緣之見分。見緣者。八識所緣之相分。此二即是依他起性。如以麻為繩。亦如依於真月。揑成二月也。所想相者。於此相見二分。不了。惟是依他起性。妄生我法二執。名為徧計執性。如以繩為蛇。亦如小兒迷天上月。捉水中月也。如虛空華。本無所有者。不惟徧計本空抑且依他如幻如麻上不惟無實蛇相亦並無實繩相真月不惟無影相亦並無第二相也此見及緣元是菩提妙淨明體者以真如不守自性於自證上幻成見相二分只此二分全是自證之體所謂正隨緣時而常不變如繩二分全體皆即是麻如天第二月全體即是真月云何可分是與非是即既知繩即是麻第二月惟一真月則雖指蛇即麻指影即月亦無不可但徧計無體故不說之此菩提亦指四智菩提所謂第八識之見相二分元是大圓鏡智菩提妙淨明體第七識之見相二

分元是平等性智菩提妙淨明體第六識之見相二分元是妙觀察智菩提妙淨明體前五識之見相二分元是成所作智菩提妙淨明體寂照不二故妙照而常寂故淨寂而常照故明又既是菩提妙淨明體亦即涅槃元清淨體妙故即是性淨涅槃淨故即是方便淨涅槃明故即是圓淨涅槃也

㊟長 二引例釋成

文殊吾今問汝如汝文殊為復更有一箇文殊是文殊者為復竟無文殊如是世尊我真文殊無是文殊何以故若有是者則有非是乃二文殊矣然我今日非無真正文殊

但於中實無是非二相，佛言此見妙明與諸空塵亦復如是，本是妙明無上菩提淨圓真心，妄為色空及與聞見，如第二月，誰為是月，又誰非月，文殊但一月真，中間自無是月非月。

文句：此中文亦三段，初以文殊為例，二此見妙明下以法合釋，三如第二月下，更舉喻釋成也。初文可知，次文此見妙明與諸空塵亦復如是者，亦如文殊，實無是非二相也，蓋本是妙明無上菩提淨圓真心，圓成實性，妄為色空之相分，及聞見之見分耳，三即舉喻釋云，如捏目妄見二月，豈可謂一

是一非乎、但了月體本真、則是非戲論自永息矣、

是以汝今觀見精與夫塵象、依他起性也、種種發明名為妄

想、徧計執性也、不能於中出是非是、繇是真精妙覺明性、圓成實性也、

㊇卯 二示迷悟得失

故能令汝出指非指

文句、謂若不達依他無性、觀見是見觀塵是塵、饒他種種發明、總名妄想、決定不能超出是非兩闗、此言迷之失也、繇此見與見緣、即是真精妙覺明性、故達之者、即能令汝超出於有所指無所指之兩疑、此言悟之得也、故知妙理無二、所爭只迷悟

之閒耳可不以開圓解為急務乎。

(癸)八約外道世諦對簡顯見性非因緣自然 三。初對外道簡自然 二對世諦簡因緣 三結顯自性。

(子)初中二。初疑請 二開示。 (丑)今初

阿難白佛言。世尊。誠實如法王所說覺性能緣。徧十方法界。湛然常住。性非生滅。與先梵志娑毘迦羅。先古人也。言往古娑毘迦羅。自稱梵天苗裔者。所談冥諦。及投灰。躶形。拔髮。鞭纏。棘刺。五熱炙身等。諸外道種說有真我。乃二十五諦末後神我也。徧滿十方。有何差別。世尊亦曾於楞伽山。楞伽。此云不可往。山名。在南天竺國海中。有神通者可往也。為大慧等。敷演斯義。彼外道等。常說自然。我說

因緣。非彼境界。長水疏。佛為大慧說楞伽經。明諸因緣。破彼外道執自然見。然因緣之義。非彼外道所知境故。我今觀此覺性自然。非生非滅。遠離一切虛妄顛倒。似非昔日楞伽所明之因緣。但與彼外道計自然者。必有差別。云何開示。不入羣邪。獲真實心。妙覺明性。

文句。須知佛之所說。深顯不變隨緣。隨緣不變妙理。與彼外道何啻音翅止也天淵。外道冥諦神我。已被藏教破無不盡。何容以此而濫圓宗。但末世談圓。有言無旨。實去外道邪計不遠。亦須畧示差別源流。葢佛言淨圓真心。妄為色空及與聞見者。即是真如不變之性。舉全體而隨緣。如舉真月之全體。

妄成兩月而兩月之外更無真月可得也外道所計冥諦神我能生萬物則冥諦神我為能生萬物為所生能生是常所生無常一不同也又佛言此見及緣元是菩提妙淨明體者即是真如隨緣之相仍全體而不變如指二月之全體總是真月而真月之外更無兩月別體也外道所計萬物各有體相而並推冥諦神我以為生因則子不似父因果皆非二不同也況佛言諸法所生惟心所現則彼都無非色非空境界及昭昭靈靈境界亦是自心一種相分彼方昧之以為冥諦以為神我不達

惟心。尤為大不同也。有此三種不同。所以大小乘經咸說因緣深義。以推破之。今阿難強欲引同其深知末世之流弊者乎。流類也。弊壞也。敗也。言末世之邪見。敗壞正法者。實繁有徒。

㊀丑 二開示

佛告阿難。我今如是。種種開示。方便真實告汝。汝猶未悟。乃復惑為自然。即阿難。若汝必以見性為自然者。自須甄之人切察也明有自然實體可得。汝且觀此妙明見中以何為自然體此見為復以明為自即以暗為自即以空為自即以塞為自即阿難。若以明為自然體者。則此見性。只合見明。及

（至暗時，此見與明同滅，）應不見暗。若復以空為自（然）體者，（則此見性只合見空，）應不見塞。如是乃至諸暗等相以為自者，則於明時見性（隨暗）斷滅，云何（又）見（於）明（也）。

文句此正重明不變之見性，舉全體而隨緣，別無自體可得也。即明暗塞空，求見性之自體了不可得，離明暗塞空，別求一見性之自體，又安可得哉。若外道所計冥諦，則以空暗而為自體，所計神我，則以空明而為自體，不倫（類也）甚矣。

㊀子 二對世諦簡因緣二，初轉計，二破斥。㊀丑 今初

阿難言：必此妙見，性非自然，我今發明，是因緣生。（即

心猶未明，故咨詢如來，是義云何合因緣性。文句。既非自然，必屬因緣，此通途情計之所不免。故今還擬是因緣教。但既云此見及緣，元是菩提妙淨明體，云何得與因緣之義相合耶。

（丑）二破斥

佛言汝言因緣，吾復問汝。汝今因見，明暗等相。見性現前。然此見性為復因明有見，耶。因暗有見，耶。因空有見，耶。因塞有見，耶。阿難此見若因明有，及其暗來，明即滅矣，則此見性應隨明滅。應不見暗，如因暗有，應不見明。如是乃至因空因塞，同於明暗。復次阿難，此見又復緣明有見，耶。緣暗

有見耶緣空有見耶緣塞有見耶阿難若緣空有仍隨空滅應不見塞若緣塞有應不見空如是乃至緣明緣暗同於空塞

文句此正重明舉體隨緣之見性仍自舉體不變非藉明暗塞空為因緣也因者親因緣者助緣祇是親疎之別耳

(子)三結顯自性二初正示離過真體二結責滯著名相

(丑)今初

當知如是精覺妙明非因非緣亦非自然非不自然無非不非無是非是離一切相即一切法

文句、此中非因非緣、亦非自然二句、是雙遮雙破非不自然一句、例應先有非不因緣一句、是雙照雙立、無非不非無是非是二句、乃是遮照同時破立、非別離一切相句、牒上諸句一總遮破情執、即一切法句、躡上情執既破、當下照立法體、此是第五番徹底顯性之文也、

㊀丑二結責滯著、名相

汝今云何於（妙性）中、措（置也）心、以諸世間戲論名相而得分別、如以手掌撮摩虛空、秖益自勞、虛空云何隨汝執捉、

文句妙性不可思議言思路絕惟直下觀心庶幾有相應分若欲措心思之言說議之不啻撮摩虛空矣

㊀九約二妄合明顯見性非見三初引昔攻疑二對理徵破三正示見性 ㊁令初

阿難白佛言世尊必妙覺性非因非緣世尊云何嘗與比丘宣說見性具四種緣所謂因空因明因心因眼是義云何

文句見性具四種緣者謂眼識現行須藉十緣方起略但言四此約虛妄見性非今所明之真性也

妄見藉緣，自無實性，所以無我我所，不同外道邪妄因緣。若知無性之義，則知諸法本空。循十界業發現。若知循業發現，則知舉體本如來藏。此因緣深義，所以徧為通別圓教作根本也。而阿難執文昧旨，尚未達於因緣即空，又安能知即假中耶。四緣含十緣者，空緣明緣，含於境緣，心之一字，具含六緣，謂作意緣，分別依，染淨依，根本依，種子依，開導依也。眼即根緣。若以常途四緣收此十緣者，種子為親因緣，自相分境為所緣緣，開導依為等無間緣，餘七並本質境皆為增上緣也。

(子)二對理徵破 二。初直明昔說隨情 二正顯見性非緣。 (丑)今初

佛言阿難。我說世間諸因緣相非第一義。

文句 諸佛說法常依二諦。依於世諦名隨情說。依第一義名隨智說。雙顯二諦。名隨情智說。今明向日所說是以世諦破邪計耳。非謂第一義中實有因緣也。

(丑)二正顯見性非緣

阿難。吾復問汝。諸世間人說我能見。云何名見。云何不見。阿難言。世人因於日月燈光見種種相名之為

見。若復無此三種光明，則不能見。(因名不見)阿難，若無(日月燈光)明時，名不見者，應不見暗。若(謂雖不見明，而)必見暗，此(則)但(是)無明，云何(名為)無見。阿難，若在暗時，不見(日月燈光)明故，名為不見。今在明時，不見暗相，還名不見。如是(則應明暗)二相俱名不見(矣)。若復(謂明來暗謝，暗來明謝，)二相自相陵奪，非(闕)汝見性於中(暫有)暫無。如是則知(見暗見明，)二俱名見，云何(可名為)不見(耶)。

文句，因明有見者，虛妄眼識，偏計執情也。明暗俱見者，識精見分，依他起性也。見分如第二月，自與月影不同。

㊀三正示見性二。初直示真性。二騰疑細釋。

㊁今初

是故阿難。汝今當知見明之時。見非是明。見暗之時。見非是暗。見空之時。見非是空。見塞之時。見非是塞。

四義成就。長水疏。雖見四境。而非四境成就於見。譯人巧畧。故別列而總結也。若欲經文當句中具者。應云見明之時。見非。是明成就。乃至見非是塞成就。此之四見。古今多解。不看前文。及此非字。但見成就之語。便別作意度解釋。文無連貫。旨非起盡。孤然作解。豈稱佛心。文句。此既辨相分之非見分。因更點示見分之非自證。夫明暗色空。總是相分。見聞覺知。總是見分。於一自證體上。妄起見相二分。離卻自證本體。何處更有二分。而此二分。終非自證本體。如於一月。妄見二月。離卻月體。何處更有二月。而此二月。終非一月本體。故曰

汝復應知。見性於起見分之時。見性非是

見分當知見性猶離見妄分之見所分不能及云何復說因緣自然及和合相而能及之哉喻如真月起於二月之時真月非是二月當知真月猶離二月之妄二月所不能及云何復說因緣自然及和合相又取下文喻意貼之眼眚之時眼非是眚眼猶離眚眚不能及云何復說因緣自然及和合相也蓋見精帶妄已非因緣自然及和合相況此真見性即此真見性即名清淨實相以其離一切相即一切法故也離一切相者喻如真月無二月相即一切法者喻如二月惟真月體此見非見之性亦復如是惟其並見分而非之方可並相分而即之汝等聲聞其智狹劣無大乘之識故不能通達清淨實相吾今誨汝當善思惟而深薦取無得疲怠妙菩提路也

㊀丑 二騰疑細釋二初阿難騰疑二如來細釋

㊀寅 今初

阿難白佛言。世尊。如佛世尊。為我等輩。宣說(見性非)因緣。及與(非)自然。諸和合相。與不和合(之義)。心猶未開。而今更聞見(性起於)見(分之時見性)非(是)見(分之妄。益)重增迷悶(矣)。伏願弘慈。施大慧目。開示我等。(使獲)覺心明淨。作是語已。悲淚頂禮。承受聖旨。

(寅)二如來細繹三。初訶誡許宣二合明二妄三顯示歸真。

(卯)初中二。初經家敘意二如來誡許。

(辰)今初

爾時世尊。憐愍阿難。及諸大眾。將欲敷演大陀羅尼諸三摩提。妙修行路。

文句陀羅尼此云總持謂總一切法持一切義也大陀羅尼者所謂法界大總相法門體即下文陰入處界七大皆如來藏妙真如性是也以陰入處界七大等法隨拈一種皆即全體如來藏性皆能總一切法持一切義故名大陀羅尼依此熏修則為種種三昧所謂眼根三昧乃至意根三昧色塵三昧乃至法塵三昧眼識三昧乃至意識三昧持地三昧乃至唯識三昧故名諸三摩提一一三昧無非全性起修全修在性皆是大佛頂首楞嚴王三昧十方如來一門超出故名妙修修行路也將欲

敷演者，前文顯示見性，大蘊已彰，餘疑無幾，今將乘此，並顯一切法性也，蓋六入十二處十八界中，皆以眼見居首，見性既爾，餘性可知，故當偏歷諸法，備顯藏性，開圓頓解，以為真修之本矣，

(辰)二如來誡許

告阿難言，汝雖強記，但益多聞，於奢摩他微密觀照，心猶未了，汝今諦聽，吾當為汝分別開示，亦令將來諸有漏者，獲菩提果，

文句，此責其聞法而不觀心，不能通達全性之修也，奢摩他微密觀照者，即是圓頓止觀，始從名字，

終至究竟，靡不躡之，而今但事強記，則有聞無慧，所以不了全性所起之止觀，不達見見非見之體性也。

㊀卯 二合明二妄二，初直示二妄，二進退合明。

㊀辰 初中二，初總標，二別釋。㊀巳 今初

阿難，一切眾生，九法界眾生也。輪迴世間，同居世間分段輪迴，方便實報世間變易輪迴也。躡二顛倒分別見妄，即指別業同分二妄見也，二皆是惑，所謂見思、塵沙、無明也。當處發生，有惑即必有業，所謂見思發有漏善惡不動諸業，塵沙發無漏偏真業，無明發亦有漏亦無漏二邊業也。當業輪轉，有業即必有苦，所謂見思業同居輪轉，塵沙業方便輪轉，無明業實報輪轉也。惑業苦三，如惡叉聚，不相暫離，又惟心所現，全體虛妄，無所從來，無所主

眚 所景切。說文。目病生翳也。

去。故言當處發生。當業輪轉也。云何二見。一者眾生別業妄見。唯獨自見也。二者眾生同分妄見。與眾同見也。同別雖殊。虛妄則一。一切眾生。於念念中。皆悉具此同別二種妄見。所以妄受輪迴。然終日在二妄中。而見性依然如故。此所謂見見非見。悟之則輪迴息矣。

(巳)二別釋二。初釋別業妄見。二釋同分妄見。

(午)今初

云何名為別業妄見。阿難。如世間人目有赤眚。夜見燈光別有圓影。五色重疊。文句。先須以清淨目喻於正智。以清淨燈光喻於如如。蓋見性圓滿。而光性亦圓滿。無邊無畔。無是無非。所謂無智外之如為智所證。無如外之智能證於如也。復次目有三義。所謂慧眼。法眼。佛眼也。燈有三義。所謂真諦燈。俗諦燈。中諦燈也。見思惑是慧眼赤眚。

妄於真諦燈上見有同居五陰五色重疊塵沙惑是法眼赤眚妄於俗諦燈上見方便五陰五色重疊無明惑是佛眼赤眚妄於中諦燈上見有果報五色重疊此約一喻譬論三惑也又三惑當體全空三惑皆屬假名建立三惑皆即不可思議不達三惑本空總名見思不達三惑假名建立種種藥病無量因緣總名塵沙不達三惑體即法界總名無明此於譬三惑中橫論三惑也於意云何此夜燈明所現圓光為是燈色（即）為當見色（即）阿難此（圓影）若（即）燈（而有）色（者）則非眚人何不同見而此圓影唯眚之觀乎若（圓影）是（從彼眚人）見（上而有之）色（者此）見（既）已成色則彼眚人（能）見圓影（之見）者（又復）名為何等（之物即）復次阿難若此圓影離燈別有則合傍觀屏帳几筵有圓影出（若此圓影）離見別有應非眼矚云何眚人目見圓影（此明圓影既非是燈）

是見。亦非離燈離見。全體虛妄。毫無實法。意顯三去五陰。既非正智如如。亦仍不離正智如如也。是故當知色實在燈。意顯如如真理。本具法性五陰也。見體上有亦眚之病。乃見燈光而為圓影。意顯九界五陰。皆懸妄惑建立也。然影之與見。二俱是眚。意顯眾生見有內身外境。能見所見。無非是妄。而能見此眚元非有病。意顯見見之時。見非是見也。蓋見相二分。全依自證。故自證雖舉體而成見相。其體不變。如眚影二妄。全依淨目。故淨目雖舉體而成二妄。其目仍存。故曰見眚非病。正所謂終日在妄。終日恒真也。終不應言此圓影是燈處生。是見處生。尤不應言於是中有非燈處生。非見處生也。如第二月。非真月體。亦非水中月影。何以故。第二之觀。捏所成故。更舉二月之喻。以合前例。真月喻燈。二月喻五色重疊。非即月故非體。非離月故非影。猶上文所謂非是燈色。亦非離燈別有也。諸有智者。不應說言。此捏根元。是形非形。離見非見。目仍喻目，捏喻赤眚。目本無捏，故不應說言是形，離目無捏，故不應說言非形，捏見二月，故不應說言離見，見體無捏，故不應說言離於非見，或此離字，應作是字，文更直捷，是形非形，約浮塵根言，離見非見，約見精言，總猶上文所謂非是見色，亦非離見別有也。此圓影亦復如是。諸有智者，既知目眚所成。今欲名誰，是燈是見。之圓影耶。何況分別非燈非見。之圓影耶。若知二月，是捏目所成，實無是非二相，則知影見俱眚，復何於燈於見而起妄計者哉。

㊀午 二釋同分妄見

云何名為同分妄見。阿難。此閻浮提，除大海水，中間平陸，有三千洲。正中大洲，東西括量，括，結也。量，數也。大國凡有二千三百。其餘小洲，在諸海中。其間或有三兩百國或一或二。至於三十。四十。五十。阿難。若復此三千洲中。有一極小洲。祇有兩國。惟一國人。同感惡緣。則彼小洲。當土衆生。覩諸一切不祥境界。或見二日。或見兩月。其中乃至暈音運適陟革切珮音佩玦音決彗音瑞孛音浡飛流。負耳虹蜺。種種。種種惡相。但此國見。彼國衆生。本所不見。亦復不聞。

文句。此雖正釋同分妄見。然約此國名之為同。若約彼國依舊是別。可見若同若別。總惟一妄耳。暈者。惡氣環於日月。適者。日月薄食。珮玦者。妖氣近於日月。猶如環珮。彗者。星芒偏指。孛者。星芒四出。

飛者，星忽移去；流者，光迹相連；負耳者，陰陽之氣，背日如負，旁日如耳。虹者，晨朝所現；蜺者，晚暮所現也。

春秋：楚有雲如赤烏，夾日以飛三日。注曰：為人君妖氣守之，故當王身，雲在楚上，唯楚見之，故禍不及他國。又齊有彗星，齊侯禳之，注：出齊之分野，不出魯，故魯不見。此一洲兩國，同洲異覩之明證也。

(辰)二進退合明二：初總示，二別明。(巳)今初

阿難，吾今為汝以此二事進退合明。

文句：見雖有二，虛妄無殊，欲以易知例彼難知，使

彼難知。亦成易知。故須一進一退。方明其為妄也。蓋燈上圓影之虛妄無實。最為易知。以不眚者多故。不祥境界之虛妄無實。已自難知。以同見者衆故。然猶賴有彼國衆生不見不聞。可顯是妄。至於三土依正。九界同觀。若非如來自住三昧。安知一切皆同圓影。今以二事合明。方知一切能見所見。無非虛妄。而見見非見之性。則在妄恒真矣。

㊁二別明二。初進別例同。二退同例別。㊂今初

阿難。如彼衆生。別業妄見。矚燈光中所現圓影。雖似現前之境。舉體虛妄。終彼見者。目中赤眚所成。眚即見毫無實境。

家之勞非是外色所造然而見此眚者終無見咎咎亦是病見若
果病云何能見於眚猶上文所云則彼眚人見圓影者名為何等此正指於眚而不眚在妄恒真之見性
也例汝今日以目觀見即虛妄見分例上眚矚也山河國土及諸
眾生即虛妄相分例上圓影也皆是無始見病所成言此能見之見分所見之
相分同是見家之病超例上文彼見者目眚所成也見與見緣雖似現前之
境追例上文雖似前境也元非外境即我覺明見體所緣之眚是以覺
體所起見聞覺知即名為眚例上眚即見勞非色所造也而本覺明心能覺
此見與見緣者終非眚也故此覺其所覺之眚者此覺斷非墮在眚
中此實所謂見見之性云何復名覺聞知見例上然見眚者終無見咎
也是故汝今見我之見字即上見明見暗見空見塞之見字指能見之見分如目眚也

我及汝並諸世間十類眾生。指所見之相分，如圓影也。見相二分。皆即見體之眚。而非是見此眚者之自體。如眚影皆非目也。彼見真精。雖終日在妄。而性元非眚者。眚不能及。如目雖有眚見性不失。故此見性。不得名之為見。既不名見。則亦不得名聞名齅。名嘗。名覺。名知。然既是見性。則亦即是聞性。齅性。嘗性。覺性。知性。此所以為常住真心性淨明體。而依此修行者。為大佛頂首楞嚴王三昧也。

(午) 二退同例別

阿難。如彼一國眾生同分妄見。種種災祥。例彼妄見圓影之別業一人。此先退一國之同分妄見。例同一人之別業妄見也。夫一病目人。同彼一國之人。彼一病目人。獨見圓影。是目中赤眚虛妄所生。此一國眾人同分所現不祥。乃同見業中之瘴惡所起。長水疏。一入所見。與多人同。由眚病故。見圓影出。由瘴惡故。感災祥起。然**俱是無始見妄所生。**更無他因也。復**倒閻浮提三千洲中。兼四大海。**爾雅釋地。九夷八狄七戎六蠻謂之四海。**娑婆世界。**三千大千世界也。**並洎十方**諸佛所有**諸有漏國。**依報也。**及諸眾生。**正報也。此總退十方衣正之同分妄見。皆倒同一人之別業妄見也。**同是覺明無漏妙心。**起於**見聞覺知。虛妄病緣。**所以**和合妄生。和合妄死**文句同是覺明無漏妙心者。例上一人之目。即前文見見非見。第一見字見聞覺知虛妄病緣者。例上目中赤眚。即前文第二見字。和合妄生和合妄死者。例上燈光圓影。即前文所舉明暗空塞等相。是也。諸有漏國者。同居國。有見思漏。方便國。有塵沙漏。果報國。有無明漏。諸眾生者。九法界眾生。妄生妄死者。同居分段生死。方便果報變易生死也。歷此同別二倒。而見見非見之性。昭若日月矣。

㊀卯三顯示歸真

若能遠離諸和合緣、及不和合、則復（便也）滅除諸生死因、圓滿菩提、不生滅性、清淨本心、本覺常住、

文句、此承上文二妄合明、既是全真起妄、在妄恒真、則知今欲返妄歸真、別無他術、秖須遠離諸和合緣、及不和合、而分段變易二生死因、即便滅除、菩提不生滅性、當體圓滿、方知清淨本心、本覺常住、非關修證之所得矣、然欲遠離諸和合緣、及不和合、須要達此見見非見之性、蓋此見性、非但不是明暗空塞等相分、亦復不是見聞覺知等見分、

如真月總非二月．而此見相二分．離於真性．別無自體．如二月實惟一月．若知正見二月之時．真月元不曾壞．又知只此二月實惟真月．則決不以手扭此二月．欲令和合．亦決不以手挽此二月．欲令遠離矣．凡夫貪逐色香味觸．如扭月令合．二乘訶棄三界五欲．如挽月令開．諸和合緣．是分段生死因．不和合緣．是變易生死因也．

㊀癸 十破和合不和合餘疑．顯見性離過絕非法爾現證二．初責迷．二徵破． ㊀子 今初

阿難．汝雖先悟本覺妙明之性．元非因緣．非自然性．

而猶未明如是覺元亦非和合生及非不和合生文句。計自然者，謂相分外別有見分可得，則成神我外道。計因緣者，謂相分外，別無見分可得，則成無我小宗。計和合者，謂不生滅性，與生滅相，兩相夾雜。計不和合者，謂生滅相，與不生滅性，絕不相干。總屬戲論分別，由其不了全真起妄，全妄即真，於中實無是非是義故也。佛知阿難必懷此計，故責迷而徵破之。

(子) 二徵破二。初破和合。二破非和合。

(丑) 初中二。初牒疑。二正破。 (寅) 今初阿難。吾今復以前塵問汝。汝今猶以一切世間妄想和合諸因緣性。而自疑惑證菩提心。和合起者。

文句。上文所云和合妄生。和合妄死。祇是世間妄想諸因緣性。所謂眚邊事耳。非謂所證菩提妙心亦藉和合起也。汝既未悟眾生本證菩提心體。必將疑其和合起矣。故須還借前塵以破其非。

(寅)二正破又二。初破和。二破合。(卯)今初

則汝今者。妙淨見精。為與明和。(耶)為與暗和。(耶)為與通和。(耶)為與塞和。(耶)若(見精與)明和者。且汝觀明。(適)當明(相)現前。何處雜見。見相可辨。雜何形像。若(明)非見

者。云何見明。若明即見者。（明既為見。不復有明可得矣。夫見不自見。可自見其見乎。）云何見見。必見圓滿。何處和明。若明圓滿。不合見和。見必異明。雜則失彼性明名字。雜失明性。和明非義。彼暗與通。及諸羣塞。亦復如是。

文句。和者如水土相和。先總列四句。次單就明和廣。破後例結餘三句也。初文可知。次文言若汝見精。與明和者。且汝觀明之時。正當明相現前。何處雜有見精耶。若使見精明相。果是二物。分既各有可辨。雜又作何形像。若明果非見者。云何能見於明。若明果即見者。云何可見其見。必其見性圓滿。

何處更可和明若復明相圓滿不合更容見精相和況見精既必異於明相今使相雜則雙失彼見性明相二種名字雜既失於明相見性二名當知和明斷非義矣例結可知蓋使見精明相果有二物方可說和說合既惟是菩提妙淨明體云何可說和合耶

（卯）二破合

復次阿難又汝今者妙淨見精為與明合耶為與暗合耶為與通合耶為與塞合耶若明合者至於暗時明相已滅此見即不與諸暗合云何見暗若見暗時

不與暗合。與明合者。應非見明。既不見明。云何明合。了明非暗。彼暗與通及諸羣塞。亦復如是。

文句。合者。如函蓋相合。亦先總列四句。次單就明合。廣破後例結餘三句也。初文可知。次文言若見精與明合者。暗時明滅。此見不應又與暗合。蓋明暗相反。如圓異方。不可圓蓋更合方函也。既不與暗合。不應見暗。若許見暗。不須暗合。應許明合。不必見明。然既許明合。不必見明。云何現在與明遇合之時。仍了於明。而非了於暗耶。例結可知。

(丑)二破非和合二。初轉計。二破斥。 (寅)今初阿難白佛言，世尊，如我思惟此，妙覺元，與諸緣塵，及心念慮，非和合耶。

文句前貴迷中，業已並拂不和合義，令阿難承上破和合文，更復轉計，見見非見之性，迥然超於見相二分之外，故曰與諸緣塵，及心念慮，非和合耶。緣塵指相分，念慮指見分，此譬如聞說真月，非是二月，遂謂二月之外，別有一真月也。

(寅)二破斥又二，初破非和，二破非合。(卯)今初

佛言，汝今又言，覺非和合，吾復問汝，此妙見精，非和合者，為非與明和耶，為非與暗和耶，為非與通和耶。

為非與塞和耶。若此妙見精。非與明和。則見與明。必各有邊畔。汝且諦觀。何處是明。何處是見。其在見者。自何方起。至何方止。為畔。其在明者。自何方起。至何方止。為畔。阿難。若在明邊際中。必無見者。則見與明。不相及。自然不知其明相所在。邊畔云何而成。彼暗與通。及諸羣塞。亦復如是

文句。兩物異處。方名不和。元是菩提妙淨明體。更非兩物。說和。說合。已自不可。況說不和合耶。

㊃ 二破非合

又妙見精。非和合者。為非與明合耶。為非與暗合耶。為非與通合耶。為非與塞合耶。若見精非與明合。則見

與明一性一相。兩相乖角。長水疏。若見明時。不與明合。明見二種。應相乖異。如牛之角。敵對各立。曾不相應。如耳根與明相。了不相觸。以耳但聞聲。不緣明相故。則見且不知明相所在。云何甄明合與非合之理歟。彼暗與通。及諸羣塞。亦復如是。

文句兩不相干方名不合。別就見精顯性竟。

(庚)三徧歷陰入處界會理為二。初總示。二別明

(辛)今初

阿難。汝猶未明一切浮塵諸幻化相。蓋徧指能所八法所成根身器界。皆如幻化。謂色香味觸四塵。幻成地水火風四大。地水火風四大。幻成一切根身器界。即是因緣所生法也。當處出生者。如空中華。生無來處。隨處滅盡者。剎那即滅。滅無去處。所謂我

說即是空也。幻妄稱相者，依於世諦，說有十界依正種種差別，所謂亦名為假名也。其性真為妙覺明體者，法法全是性體，如華性即空，二月之性即是真月，所謂亦名中道義也。如是乃至五陰六入，從十二處至十八界等者，重申上文之意，而廣明之，即指諸幻化相也。因緣和合，虛妄有生，因緣別離，虛妄名滅者，即指幻妄稱相也。殊不能知生滅去來，本如來藏常住妙明，不動周圓，妙真如性者，即指其性真為妙覺明體也。性真常中，求於去來迷悟生死，了無所得者，即指當處出生，隨處滅盡也。蓋此乘十番辨見，了知見性即是妙覺明體，因即徧例一切法性，一一無非妙覺明體，乃第六番徹底顯性之文，廣明一切因緣生法，無不即空即假即中。

㊇辛二別明四 初明五陰性 二明六入性 三明十二

處性。四明十八界性。

(壬)初中二。初總徵二別釋　(癸)今初

阿難。云何五陰本如來藏妙真如性。

文句。梵語塞犍陀。此翻為蘊。古翻為陰。蘊謂積聚。陰謂覆蓋也。凡夫五法。積聚見思。覆蓋真諦。二乘五法。積聚塵沙。覆蓋俗諦。菩薩五法。積聚無明。覆蓋中諦。佛界五法。積聚恒沙稱性福慧。覆蓋法界一切眾生。皆名為蘊。亦皆名陰。

(癸)二別釋五。初明色陰即藏性。至五明識陰即藏性。(子)今初阿難，譬如有人，以清淨目，（喻本覺真智）觀晴明空，（喻真如妙理）惟一晴虛，迥無所有，（喻寂光真境）其人無故不動目睛，瞪以發勞，（瞪直視貌，喻真如無始覺力，不守自性，不覺念起，而有無明）則於虛空別見狂華，復有一切狂亂非相，（喻寂光真境之中，妄見果報方便同居三土依正色法，故結合云）色陰當知亦復如是，（是舉因緣生法，即總示中所稱一切浮塵諸幻化相也，形質可緣，名之為色，共十一法，即外六塵，及內五根，依此虛妄色法生滅，分位差別，便有國土劫數，正報壽命，種種延促不同，總名劫濁，此以九法界中，佛界真善妙色，喻如晴虛，十世古今，始終不離當念，乃起劫濁，以佛法界中，九界生死幻色，喻於空華，微塵劫數，修短之相宛然，總名劫濁也。）阿難，是諸狂華，非從空來，非從目出，如是，阿難，若（此狂華從）空來者，既從空來，還從空入，若有出入（之相），即非虛空

矣
空若非空非空則有實體自然不能容其華相起滅如阿
難之體不容更有一箇阿難於中起滅若此狂華從目出者既從目
出還從目入即此華性從目出故當合有見以能生之目既
屬有見而所生之華亦應有見也若有見者去既為華於空旋合自
見其眼若華無見者出既翳於虛空旋當自翳其眼又
見華時華已出去目應無翳當號清明眼云何反以見晴空者號
清明眼乎就喻責無性以明因緣即空即總示中所謂當處出生隨處滅盡性真常中求於去
來迷悟生死了無所得也若法說者應云九界妄色
非真如出非正智生若如出者既從如出還從如入
若有出入即非真如如若非如自不容其色相起滅
如阿難體不容阿難若智出者既從智出還從智入
即此色性從智出故當合有知若有知者去既為色
於如旋合自知其智若無知者出既障於真如旋當

自障其智。又見色時。智應無障。云何寂光。名為種智。是故當知色陰虛妄。點示十法界色。以明因緣假名。即總示中所謂因緣和合虛妄有生。因緣別離虛妄名滅。幻妄稱相也。以華喻九界妄色。迷空為華。華無生相。以空喻佛界真色。華滅空生。空無生相。故皆是虛妄也。本非因緣非自然性。指十界色陰。以明因緣即中。以如來藏性隨緣不變。故非因緣。不變隨緣。故非自然。即總示中所謂其性真為妙覺明體。本如來藏。常住妙明。不動周圓妙真如性也。下皆准知。

㊀二明受陰即藏性

阿難譬如有人。手足宴安。百骸調和適悅之時。忽然猶如忘其有生之形性無憂苦之違受。喜樂之順受也。長水疏忘生忘形。四肢安靜。恬然暢適。而無苦樂二境相逼。忽然如其無形一般。斯蓋但與捨受相應。不覺此形之有生也。其人無故以二手掌。於空相摩。於二手中。妄生澀滑冷熱諸相。受陰當知亦復如是。文句。聊舉手掌相摩一種觸受。以例九界觸緣止受同此虛妄也。據法相宗受是徧行五心所之一種。領納順違俱非境相為性。起愛為業。徧與八識心王相應。若約六根領納六塵。則有六受。一一各有苦受樂受及不苦不樂受。成十八受。凡夫領納同居六塵。二乘領納方便六塵。菩薩領納果報六塵。總是因緣生法。依此虛妄受陰。便有見濁。蓋所受是塵。能受是托根之心。不了六受用根。本如來藏。所以凡夫起有我見二乘起無我見。權教菩薩起亦我亦無我見。非我非無我見。總名見濁也。此文本是舉例。不是舉喻。若欲作喻釋者。則以性無違順。喻九界中佛界正受。以澀滑冷熱。喻佛界中九界幻受。澀喻三途苦受。滑喻人天樂受。冷喻二乘枯受。熱喻菩薩榮受也。

阿難是諸幻觸。不從空來。不從掌出。如是阿難。若謂觸從空來者。既能觸掌。何不觸身。不應謂虛空有所選擇而後來觸。若謂從掌而出。則孤掌亦可成觸。應非待二掌之合。又掌出故合則掌有覺知，離則觸從掌入臂腕骨髓，應亦覺知入時蹤跡。若謂必有覺心知出知入，自當別有一物身中往來，何待二掌相合有知之時，要名為觸。要字訓作方字。此顯受即空，以明觸尚不可得，安得有受乎。是故當知受陰虛妄，本非因緣，非自然性。

㊀子三明想陰即藏性

阿難，譬如有人談說酢梅，口中便有水出；思蹋懸崖，足心即生酸澀。想陰當知亦復如是。文句此亦聊舉梅崖二境界想，以例十法界皆從想生也。想亦偏行五心所之一種，於境取像為性，施設種種名言為業。若約六識取六塵境，則有六想，一一各有善惡無記三想，成十八想。凡夫於三界六塵起貪瞋癡名惡，無貪瞋癡名善，非善非惡名無記。二乘沉空。名惡。出假。名善。菩薩分別一諦。名惡。了達中諦。名善。此等諸想總無實境界性。惟是妄想以為因緣。更非異因。依此虛妄想陰成煩惱濁。蓋凡夫不了三界惟想。故生染著。有見思煩惱。二乘不了涅槃生死惟想。故生取捨。有塵沙煩惱。菩薩不了十界惟想。故緣理斷九界之惑。有無明煩惱。總名煩惱濁也。若妄計想外有境。便於佛法界中成九界妄想如本無酢梅。口水妄出。若了達境惟是想。便於九法界中顯佛界真想。如知崖本無。酸澀何有。故曰諸佛正徧知海。皆從想生。阿難。如是酢說。不從梅生。非從口入。如是阿難。若此酢說從梅生者。梅合自談。口中之水。當從梅生。何待人說。而口中水出。若此酢說。從口入者。自合口聞。而口水出。何須待耳。聞。而口中水出。若獨耳聞此水何不從耳中而出。必從口中出者何耶。想蹋懸崖。與說相類。者。當云如是思蹋。非懸崖來。非足心入。若從崖來。崖合自思。何待人思。若從足入。足合自思。何待心想。若獨心想何故並足亦覺酸澀。是故當知想陰虛妄本非因緣非自然性。

㊀子四明行陰即藏性

阿難譬如暴流波浪相續前際後際不相踰越行陰當知亦復如是。

文句此以流喻諸行明其念念遷滅後後不至前如波逐波了不相及也行以遷流造作為義造作名有為相有為之相法爾遷流統而言之惟除六無為法餘一切假實色心總名諸行別而言之色法十一另屬色陰受心所法另屬受陰想心所法另屬想陰心王有八另屬識陰其餘四十九心所法及二十四種不相應行皆屬行陰於此諸法之中取思心所為其首領思亦徧行五心所之一種令心造作為性於善不善品等役心為業謂能取境正因等相驅役自心令造善等若約六識則有六思一一各有善惡無記成十八思凡夫取三界境造有漏業二乘取偏空境造無漏業菩薩取出假境造亦漏亦無漏業亦復取中道境造非漏非無漏業此等諸思總如暴流依此虛妄行陰成眾生濁蓋

繇造有漏業名六凡眾生。造無漏業名二乘眾生。造亦漏亦無漏業。名大道心成就眾生。造非漏非無漏業。名無上眾生。無上眾生可名非濁。餘皆眾生濁也。若不達流無實性。則佛法界便成九界。所謂法身流轉。名曰眾生。如水湧成波。若了達水外無流。則九法界便是佛界。所謂但離妄緣。即如如佛。如波澄成水也。阿難。如是流性。不因空生。不因水有。亦非水性。非離空水。通議。此約四法。以辨暴流無體。如是阿難。若此暴流因空而生。則諸十方無盡虛空。便成無盡之暴流矣。長水疏。流從空生。空體常在。流應常生。虛空性徧。流亦應徧。斯則但見暴流。應無世界。豈非一切世界自然俱受淪溺者乎。又如何復見有水陸空行耶。若此暴流。因水而有。夫因果性別。則此暴流之性。應非即是水。體且能有是水。所有是流二相若殊。今應現在。長水疏。流從水生。水與暴流。兩體應異。水為能生。流為所生。如樹生果。果不是樹。二俱現在。今且不然如何因水即若即水而有流性者長水疏流相漂動水性澄清若此漂動便是水性者然則澄清無流之時應非是水體矣蓋暴流漂動已是水故若離空而有水者空非有外也離水而有流者水外無流也文句空喻真如水喻藏識若法說者應云如是行陰不因真如而生不因藏識而有亦非即藏識性非離真如藏識如是阿難若行陰因真如生則無盡真如成無盡妄行諸佛如來亦被行陰之所遷流若行陰因藏識有則此行陰性非即是藏識能有所有二相今應現在若行陰即藏識性則彼入滅受想定證擇滅無為者轉識既不現行反應非藏識體若行陰離於真如藏識則真如無外藏識海外決無轉識波浪可得是故當知行陰虛妄本非因緣非自然性

㊂ 五明識陰即藏性

阿難譬如有人取頻伽瓶長水疏頻伽好聲鳥也瓶形似住故名文句頻伽瓶

**餉** 式亮切音向或讀享饟也爾雅疏食人曰饟自家之野也

喻生死幻色即第八識所執之親相分勝義諸根是也

**塞其兩孔** 者喻我法二執障於二空真如之理也

**滿中擎空** 者此空本與十方空性無二無別喻生死妄色中並無實我實法惟是如虛空之識性與十方佛之識性亦本無二無別也

**千里遠行用餉他國** 者喻執此虛妄色法往來六道捨生受生乃至法執未忘出同居國入方便國出方便國入果報國等也

**識陰當知亦復如是** 者舉法合喻也以要言之眼識之性妙覺湛然周徧法界耳識乃至意識亦復如是眾生洞視不過分寸祇因於生死妄色上我執熾然致令空性無端成隔如最小瓶那律僅觀大千菩薩見百千界亦因於九界妄色上法執未忘致令微塵剎海不能圓照如以百千世界為一大瓶惟佛了知性色真空瓶即太虛太虛即瓶故得豎窮橫徧一念普觀今以佛法界中九界妄識如空中瓶相九法界中佛界真識如瓶中空性依此虛妄識陰成於命濁惟佛壽命等於虛空可名非濁也

**阿難如是虛空非彼方來非此方入** 彼方此方兼喻橫豎二義喻橫

義有彼方喻前陰此方喻後陰瓶有往來空無出入正顯幻色有往來識性無搖動也喻豎義者彼方喻同居土此方喻方便土彼方喻方便土此方喻果報土

如是阿難若彼方來則彼瓶中既貯空去於本瓶地應少虛空正所謂無量衆生出生死界而生死界不滅若此方入開孔倒瓶應見空出正所謂無量衆生入涅槃界而涅槃界不增若知生死界不滅涅槃界不增則三土無非常寂光土而法身之壽命方為無量之無量矣是故當知識陰虛妄本非因緣非自然性

大佛頂如來密因修證了義諸菩薩萬行首楞嚴經

易知錄卷第二 終

自真和尚

宏道法師　各助刻印洋五拾元正

竺菴法師

# 大佛頂如來密因修證了義諸菩薩萬行首楞嚴經易知錄卷第三

南嶽祝聖沙門釋默庵治定

㊀二明六入性二初總徵二別釋 ㊁今初

復次阿難云何六入本如來藏妙真如性

文句梵云鉢羅吠（房廢切）奢（式車切）此云入亦云處根境二法俱名為入今但指六根然不曰根而曰入正取吸塵為義凡夫入三界六塵二乘入於真諦菩薩入於俗諦佛入中諦皆名為入此是因緣所生法即空即假即中故云本藏性也

(癸)二別釋六初明眼入即藏性至六明意入即藏性

(子)令初

**阿難即彼目睛瞪發勞者**

文句此承上色陰初文言之人知瞪是目之勞相而不知此清淨目即是菩提之勞相故曰

**兼目與勞同是菩提瞪發勞相**

蓋上文借清淨目以喻菩提此則直指菩提本非目入但是依菩提真起目入妄不可喚目入妄作菩提真譬如依目起勞不可喚勞作目前云見見之時見非是見正謂此耳

**因於明暗二種妄塵發見居**眼根**中吸此塵象名為見性**

者正顯目入是因緣所生法也第四卷云由明暗等二種相形於妙圓中黏湛發見見精映色結色成根根元目為清淨四大因名眼體如蒲萄朶浮根四塵流逸奔色即是此文註腳須知明暗二塵已屬空華無性況由此所發妄見及所結浮勝二根豈有實性可得所云發見居中者不過隨情說耳

**此見**性**離彼明暗**

二塵。畢竟無體。可得。如是阿難。當知是見。非從明之與暗而來。非於眼根而出。又不於虛空而生。何以故。非明暗來以明暗相背故。若從明來。暗時無明見即隨明而滅。應非見暗。若從暗來。明時無暗見即隨暗而滅。應無見明。何以故。非於根出。以離塵無根故。若從根生。必無明暗。如是見精。本無自性。何以故不於空生。若於空出。進前既矚塵象。退歸當可見根。又空自能觀。何關汝入。此貫其性本無生。則因緣即空之義明矣。是故當知。眼入虛妄。意顯說有眼入。不過是幻妄稱相。若非幻妄。何故衆生洞視不過分寸。那律觀於大千。菩薩見百千界。惟佛窮盡十方。塵所不矚。於此無差別性之中。有此種種差別耶。本非因緣。非自然性。此明其因緣即中之如來藏性。故空假二義。俱得成也。惟其眼入即空假中。故阿那律陀悟之。名為樂見照明金剛三昧。

㊀子 二耳入即藏性

阿難。譬如有人。以兩手指。急塞其耳。耳根勞故。頭中作聲。兼耳與勞。同是菩提瞪發勞相。因於動靜二種妄塵。發聞居耳根中。吸此塵象。名聽聞性。此聞離彼動靜二塵。畢竟無體。如是阿難。當知是聞性非動靜來。非於根出。不於空生。何以故。非動靜來。若聞性從靜境來。動境現時。此聞即隨靜滅。應非聞動。若聞性從動境來。靜境現時。此聞即隨動滅。應無覺靜。何以故。非從根出。若聞性從耳根生者。必無動靜二塵。如是聞體。本無自性。何以故。不於空生。若聞性從於空出，有聞成性，集註，謂空有聞，則空已成聞性，即非虛空，又空自聞，何關汝入，是故當知耳入虛妄，本非因緣，非自然性，文句，初文亦云瞪發勞相者，若從字便，此文應云塞發勞相，下文應云畜發勞相等，今從義便，故皆用瞪字，一者為顯真如不守自性，妄為明覺，喩之以瞪，其法易明，二者正顯無明一動，六根遂成，蓋語不頌彰，起非先後故也，惟其耳入即空假中，故觀音悟之，名為耳門圓照三昧，

㊀子 三明鼻入即藏性

阿難，譬如有人，急畜其鼻，畜，縮氣也，畜久成勞，則於鼻中聞有冷觸，因觸分別，通塞虛實，如是乃至諸香臭氣，兼鼻與勞，同是菩提瞪發勞相，因於通塞二種妄塵，發聞居鼻根中，吸此塵象，名齅聞性，此聞離彼通塞二

塵畢竟無體當知是聞非通塞來非於根出不於空生何以故若此聞性從通來者塞時無通則此聞性隨通而滅滅則應不知塞云何又知塞耶則聞性非從通來明矣如聞性因塞而有通時無塞聞性應隨塞滅滅則無聞自不知通云何發明香臭等觸則聞非從塞來明矣若此聞性從鼻根生者必無通塞二塵如是聞機吳興曰機者弩牙也根有發聞之義故取譬之本無自性則聞非於根出明矣若此聞性從空而出是此聞性自當在空迴齅汝鼻空自有聞何關汝入是故當知鼻入虛妄本非因緣非自然性文句惟其鼻入即空假中故周利槃特迦依此調心豁然得大無礙也

（子）四明舌入即藏性

阿難，譬如有人，以舌舐吻，舐廣韻俗舓字，神旨切，音士，說文以舌取物也，吻，正韻武粉切，音抆，說文口邊也，言舐吻者，乃以舌舐口邊也，貫珠舐之不已，曰熟舐，是令生舌之勞相也，其人若病，則有苦味，無病之人，微有甜觸，由甜與苦，以顯此舌根，不動之時，淡性常在，兼舌與勞，同是菩提瞪發勞相，因甜苦淡，二種妄塵，發知居舌根中，吸此塵象，名知味性，文句，因甜苦淡二種妄塵者，畧舉甜苦，攝餘酸辛鹹等，共為一種，淡自為一種也，此知味性，離彼甜苦，及淡二塵，畢竟無體，如是阿難，當知如是，嘗苦淡知，非甜苦來，非因淡有，又非根出，不於空生，何以故，非甜苦來，若此知性從甜苦來，遇淡味時，則知味性隨甜苦滅，云何知淡，知則非因甜苦來，明矣，何以故，非因淡有若知性從淡味出遇甜味時即因淡有之知即隨淡而亡復云何知甜苦二相知則非因淡來明矣何以故又非根出若知性從舌根而生必無甜淡及與苦塵斯知味根本無自性非從根出明矣何以故不於空生若此知從於空出虛空自味非汝口知文句猶言非汝口中所知之味也方與下二句各成一意又空自知何關汝入是故當知舌入虛妄本非因緣非自然性惟其舌入即空假中故憍梵鉢提悟之名為一味清淨心地法門

(子)五明身入即藏性

阿難譬如有人以一冷手觸於熱手若冷勢多熱者從冷若熱功勝冷者成熱如是以此合覺之觸顯於

離知。文句，謂因合時有覺之觸，顯於離時亦有身知也。涉勢若成因於勞觸。若字訓作順字，謂冷熱相涉之勢，順其勝劣而成，皆因二手相觸之勞相也。兼身與勞同是菩提瞪發勞相，因於離合二種妄塵，發覺居身根中，吸此塵象，名知覺性。此知覺體，離彼離合違順二塵，離為一塵，合中違順二相總名一塵，下云四相，不過隨意開合說耳。違順者，貫珠，如熱見重裘，寒得絺綌，則違，夏得涼風，冬獲煖火，則順。夫知覺因塵而有，離塵則知。畢竟無體，如是阿難。當知是覺，非離合來，非違順有，不於根出，又非空生。何以故，非離合來。若此知覺因手合時而來，及手離時，知覺當已隨合而滅，云何覺離。違順二相，亦復如是。何以故，不於根出。若此知覺從身根出者，必無離合違順四相，則汝身知元無自性。何以故。又非空生。若此知覺。必於空出。空自知覺。何關汝入。是故當知身入虛妄。本非因緣。非自然性。惟其身入。即空假中。故畢陵伽婆蹉悟之。名為純覺遺身。

㊉子 六明意入即藏性

阿難。譬如有人。勞倦則眠。春秋。勞者。精神散也。詩云。倦者不力也。摩訶止觀。心神昏昏。為睡。六識闇塞。四肢倚放。為眠。睡熟便寤。覽塵斯憶。失憶為忘。是其顛倒生住異滅。文句。眠寤憶忘各有生住異滅四相。初眠為生。正眠為住。將寤為異。已寤為滅。初寤為生。正寤為住。勞倦為異。眠去為滅。初憶為生。正憶為住。將忘為異。忘竟為滅。初忘為生。正忘為住。欲憶為異。憶成為滅。如此生住異滅。總名顛倒。吸習中歸。長水疏。吸此生住異滅習氣。歸識心內。故曰中歸。不相踰越。文句。無始習氣。剎那不停。如波遂浪。後不至前。前七轉識類皆若此非僅第七也夫**稱意知根**者通則八識心王五十一種心所攝無不盡別則獨取第七末那恒審思量為體相者以當其名兼攝第八阿賴耶識以七八二識不相離故下文以思量兼了別性並舉正謂此也**兼意與勞同是菩提瞪發勞相**人知眠寤憶忘為意勞相而不知此意知根即是菩提勞相蓋此意知無自體不過**因於生滅二種妄塵**黏湛發知知精映法攪法成根而已前云生住異滅此云生滅二塵者麤而言之生即攝住滅即攝異細而言之生滅二塵各具生住異滅四相生四相者欲生為生正生為住生已為異未生為滅四相者欲滅為生正滅為住滅已為異未滅為滅也**集知居中**圓覺所謂妄有緣氣於中積聚假名為心此經所謂聚緣內搖也**吸攝內塵**蓋攪取五塵落謝影子為獨頭意識所緣境也**見聞逆流**同時意識為見聞順流緣於外塵獨頭意識為見聞逆流緣於內塵也**流不及地名覺知性**謂獨頭意識但能依於意根而緣內塵終不能反緣其根如眼有見不能

觀眼。此反緣不及之地。名為覺知性也。此覺知性。離彼寤寐生滅二塵。寤寐各有生滅。總稱二塵。設離二塵。不惟無名。抑且畢竟無體。如是阿難。當知如是覺知之根。非寤寐來。非生滅有。不於根出。亦非空生。何以故。若謂此覺知性從寤來者。寐時則覺性即隨寤而滅。將何者為寐。若謂此覺知性。必從生時有。滅時此覺知性即同生而俱無。無則令誰受滅。猶云令誰知滅即若謂此覺知性從滅有者。生即知隨滅相俱無矣。無則誰知生者。若謂此覺知性。從根出者。指肉團浮塵根也。內團寤寐二相。不過隨身開合。寤則如蓮華開。寐則如蓮華合。離斯寤寐二體。別覓此覺知者。同於空華。畢竟無性。云何可說從根生即。若從空生。自是空之知覺。何關汝入。是故當知。意入虛妄，本非因緣，非自然性。惟其意入即空假中，故須菩提悟之，頓入如來實明空海。

㊀三明十二處性二。初總徵，二別釋。㊂今初

復次阿難，云何十二處本如來藏妙真如性。

文句，處者，方隅處所，指眼耳等為內六處，指色聲等為外六處，凡夫以三界依正為處，二乘以方便依正為處，菩薩以實報依正為處，佛以常寂光土依正為處，處處無實法，即空假中，故曰本藏性也。此中破妄顯真，惟眼色耳聲，各各二法對破，餘皆專破外塵，以內六處前已破顯，今意正在破外六塵

故也。

(癸)二別釋六初明色與見即藏性。至六明意與法即藏性。

(子)今初

阿難。汝且觀此祇陀樹林。及諸泉池。文句。由汝觀故。方知林泉由林泉故。方顯汝觀。正明因緣所生法也。於意云何。此等為是色生眼見。耶。眼生色相。耶。阿難。若復眼根生色相者。見空非色。色性應銷。夫既許色塵從眼生。必許空塵。亦從眼生。是色以眼為性。空亦以眼為性。今見空之時。既非是色。則空性已起。色性應銷。以空色二性相反。不容並立故也。然設許色性銷亡。則便顯發一切都無。色相既無。亦誰能顯明空質。以空色二法。又必相待故也。空亦如是。者。例云見色非空。空性應塞。塞則顯發一切都實。空相既無。誰明色質。計眼生色空者謬矣若復色塵生眼見者觀空非色見即銷亡夫既許見從色生則以色為見性觀空之時既非是色見性即應與色並銷然見性既亡則便一總都無又誰明此空色即計色生眼處者謬矣豈非因緣即空之義乎是故當知見與色空俱無處所即色與見二處虛妄本非因緣非自然性惟其色處即空假中故優波尼沙陀悟之塵色既盡妙色密圓

㊀二明聽與聲即藏性

阿難汝更聽此祇陀園中食已辦則擊鼓召眾眾集隨即撞鐘受食鐘鼓音聲前後相續於意云何此等為是聲來耳邊即耳往聲處即阿難若復謂此之鐘鼓聲來於阿難耳邊則餘人耳邊悉皆無聞如我之身既去乞食於室羅筏城在

祇陀林。衆中。則無有我。此以我喻聲也。以我一人不能并走兩處。則知彼一鼓聲。不能徧至衆耳。若此聲必來阿難耳處。則衆人耳邊。應合無聲。既衆人耳邊無聲。目連迦葉。應不俱聞。何況其中一千二百五十沙門。一聞鐘聲。同來食處。可見計聲來耳邊者妄矣。若復汝耳根往彼鼓之聲邊。汝身邊應無有耳。亦如我歸住祇陀林中。在室羅城則無有我。此以我喻耳也。汝聞鼓聲時。其耳已往擊鼓之處。則鐘邊無耳矣。鐘邊既無耳。鐘聲與鼓聲齊出。應不俱聞。何況其中象馬牛羊。種種音響。一齊俱聞。即計耳往聲處者妄矣。若耳根聲塵。各無來往。亦復無聞者。文句。謂若計音聞各有實處。而無往來。則又不成聞矣。云何有聲皆聞耶。是故當知聽與音聲俱無處所。即聽與聲。二處虛妄。本非因緣。非自然性。惟其聲處即空假中。故憍陳那於此悟明四種四諦。具如下文所明。

㊀三明齅與香即藏性

阿難。汝又齅許救切。同嗅。增韻。鼻收氣也。此鑪中旃檀。此香若復然於一銖。市朱切音殊。律歷志。二十四銖為兩。貫珠。一銖計重四分一釐七毫有零。室羅筏城四十里內。同時聞氣。博物志。西國有貢瑞香者。漢制不滿斤不受。使因竊去。着香如豆許在宮門。焚之。香聞長安四十里。於意云何。此香為復生旃檀木耶。生於汝鼻耶。為生於空耶。阿難。若復此香生於汝鼻者。稱名也。鼻所生。當從鼻出。汝之鼻根非旃檀木。云何鼻中有旃檀氣。且稱汝鼻聞香。當說香從於鼻入。方謂之聞。若謂鼻中出香。說聞非義。夫既稱聞。則此香不生於鼻矣。若此香生於

蒙觸也

空者能生空性既爾常恒所生之香亦應常在何藉鑪中爇此枯木方有香耶則香不生於空矣若生於木則此香質應爇成煙而鼻得聞若鼻得聞合當蒙其煙氣可說香生於木然則其煙騰空未及遙遠四十里內云何已聞則香不生於木矣文句若生於木有縱有奪初云則此香質應爇成煙若鼻得聞合蒙煙氣乃順凡情而縱許之次云其煙騰空未及遙遠四十里內云何已聞乃以現量而奪破之蓋凡情不了一切唯心香性即如來藏不過循業發現而妄計香木有殊勝力故以鼻不蒙煙破其不從木生也是故當知香鼻與聞俱無處所即齅與香二處虛妄本非因緣非自然性惟其香處即空假中故香嚴童子悟之妙香密圓

㊂子四明嘗與味即藏性

阿難汝嘗二時於眾中持鉢其閒或遇酥酪醍醐名為上味(貫珠二時者早中二時比丘受食律制二時過中不食酥酪醍醐皆由乳成一變名酪再變名生酥三變名熟酥四變名醍醐天竺以此為上味也)於意云何此味為復生於空中(即)生於舌中(即)為生食中(即)阿難若復此味生於汝舌在汝口中秖有一舌(只當所生一味)其舌爾時已成酥味遇黑石蜜應不推移(而知甜味)若不變移不名知味(豈有舌根不名知味者)若變移者舌非多體云何多味(為)一舌之知乎(是則味不生於舌明矣)若(此味)生於食者食非有識云何自知(為甜為苦)又食自知即同他(人)食(而知味)何預於汝(舌根)名(嘗)味之知(者是則味不生於食明矣)若(此味)生於空(者)汝噉虛空

當作何味。必其虛空。若作鹹味。既鹹汝舌。亦鹹汝面。則此界人同於鹹海中魚。既常受鹹。了不知淡。夫鹹因淡顯。若不識淡。亦不覺鹹。味因知顯。必無所知。云何名知味之人也。若無能知。味自不有。是則味不生於空明矣。是故當知味舌與嘗。俱無處所。即嘗與味。二俱虛妄。本非因緣。非自然性。文句。惟其味處即空假中。故藥王藥上悟之。位登菩薩。

(子)五明身與觸即藏性

阿難。汝嘗晨朝以手摩頭。貫珠。世尊嘗誡比丘一日三摩其頭。誦云。守口攝意身莫犯。如是行者得度世。衆咸遵守。於意云何此摩所知。誰為能觸之者。此以有知為能觸。無知之物為所觸也。能為在手。為復在頭。若能在於手。頭則無知。如木石之物。但為所觸。云何得成能觸。即若能在於頭。手則無用。亦如木石。但為所觸。云何得名能觸。即若頭與手。各各有。一能知觸者。便成二知。則汝阿難應有二身矣。若頭與手一觸所生者。猶言共一知觸之體。既惟一觸。則手與頭無二。當為一體。若一體者。觸則無成。以二物相合。方有觸故。若頭與手是二體者。則此觸塵誰為在。即在能則非在所。在所則非在能。文句。能所二句。交含頭手二事。若以頭為能者。觸在頭則不在手。在手則不在頭。若以手為能者。觸在手則不在頭。在頭則不在手。身中求於觸處。了不可得。不應虛空與汝成觸也。是故當知。覺觸與身。俱無處所。即身與觸。二俱虛妄。本非因緣。非自然性。惟其觸處即空假中。故跋陀婆羅悟之。妙觸宣明。

㊀六明意與法即藏性

阿難汝當意中所緣善惡無記三性文句法名內塵祇是前五塵之生滅影事於世諦中亦無別體故也分別法性則有三種一是善性通漏無漏人天十善色無色定名有漏善四聖法界所有戒定慧等名無漏善二是惡性通界內外見思相應種種諸業名界內惡塵沙無明相應種種諸業名界外惡除此二性於善惡法無可記別名無記性生成法則者由意緣善生成善法軌則由意緣惡生成惡法軌則意緣無記生成無記法之軌則則亦訓法蓋以軌持為義軌則軌生物解所謂令人知是善惡無記法故持則任持自性所謂善惡無記三法性不可改故此正明因緣生法也此之法塵為復即心所生即為當離心別有方所即此總立即心離心二種難端然後別破初破此之法塵若即心者阿難若此法塵即是心者法則非可名塵亦非心之所緣云何成於外處次破離心

別有方所。再立二案。若此法塵離於心而別有方向所在者。則法塵自性。為有知耶。非有知耶。先破有知。總以一定其名義。別以異汝即汝而雙破之。謂法塵既為有知。則名之為心矣。且此離心有知之法塵。為異汝耶。為即汝耶。若異於汝。則非是塵。乃同他人心量。若即是汝。則即汝心。云何汝心更二於汝。而曰離心別有方所。此破離心有知已竟。次破離心法塵。若非知者。此法塵既非色聲香味、離合冷煖之前五塵。及虛空相。當於何在耶。今於色空都無表示。不應人間更有空外。然空非有外。義決不成。心非所緣。猶云非心所緣。言設許空外而有法塵。則亦非心所緣境界。而不可立為處矣。故曰處從誰立。是故當知法則與心。俱無處所。則意與法。二俱虛妄。本非因緣。非自然性。

惟其法處即空假中。故摩訶迦葉悟之。妙法開明。銷滅諸漏

(壬)四明十八界性二。初總徵。二別釋。(癸)今初

復次阿難。云何十八界。本如來藏妙真如性。

文句。界者。因義根塵為緣而生於識。說名為界。又種族義。根塵識三。各有種子。各有族類。又界限義。內根外塵。中間名識。此中正意。惟破界妄而顯識性。以根塵二種先已破顯故也。十法界染淨諸識。俱無實界可得。一一即空假中。故云本藏性也。

(癸)二別釋六。初明眼識界即藏性。至六明意識界即藏性。(子)今初

阿難。如汝所明。眼根色塵為緣。生於眼識。此識為復因眼所生。則名眼所生識。即以眼為界限乎。此識為因色所生。則名色所生識。即以色為界限乎阿難。若此識因眼根生。既無色空。無可分別。縱有汝識。欲將何用。汝之見根。又非青黃赤白之色相可見。無所表示。長水疏。根尚不立。識從何有。云何以之而立界耶。若此識因色塵所生。空無色時。能生之色既滅。所生汝識應隨色滅。汝識既滅。云何識知是虛空性。若色相變時。汝亦識其色相遷變。則色自變。而汝識不遷。類既不同。豈有不變之識。從可變之色而立為界。夫識不遷。界從何立耶。若謂識從色變。則識已受變。與色俱滅。則界相自無矣。若識從色生。而又不變則恒應識色。既從色生。應不識知虛空所在矣。次破共生者。若識是兼二種眼色之所共生。則果必宜似因。一分從眼生者。則是有知。一分從色生者。則應無知。故眼色合時。則汝識乃一分有知。一分無知。而中離矣。正當眼色離時。則汝識當一分歸眼。一分歸色。而兩合如此。則體性雜亂。云何成界耶。當知眼識無生明矣。是故當知。眼色為緣生眼識界。三處都無。則眼與色。及色界三。本非因緣非自然性。惟其眼識即空假中。故舍利弗悟之。心見發光。光極知見。

(子)二明耳識界即藏性

阿難。又汝所明耳聲為緣。生於耳識。此識為復因耳所生。以耳為界。因聲所生。以聲為界。阿難。若因勝義耳生。動靜二相既不現前。根不成知。必無所知之境。亦無能知之根。知根尚且無成。所生之識作何形貌。若取耳形。為能聞者。無動靜故聞。無所成云何便此耳形。雜於色塵。觸塵。名為識界耶。蓋耳形決定不能見色。又知觸者。即屬身根故也。則耳識界復從誰立。若生於聲。識因聲有。則不關於聞根。然無聞根則亦亡其聲相之所在矣。謂若識雖從聲而生。原許此聲因於聞根而有聲相。則聞聲時。亦應聞其所生之識。若不聞識。則識非從聲生故。非以聲為界。若許聞識。則識便同於聲相。識已被聞。又誰為知聞之識者。若更無知聞識之者。則終如草木。無知。又不可矣。次破共生云。又不應聲塵聞根雜成中界。謂半是根生。半是塵生。則有知無知。體性雜亂。界相自無。中位既無。內外安有。故曰則內外相。復從何成。無生之理。昭然明白。是故當知。耳聲為緣。生耳識界。三處都無。則耳與聲。及聲界三。本非因緣。非自然性。惟其耳識即空假中。故普賢菩薩悟之。心聞發明。分別自在。

㊂子 三明鼻識界即藏性

阿難。又汝所明。鼻香為緣。生於鼻識。此識為復因鼻所生。以鼻為界。因香所生。以香為界。阿難。若因鼻生。則汝心中。以何為鼻。為取肉形浮根如雙垂爪之相。為取齅知勝義根動搖之性。若取肉形。肉質乃身。身知即觸。名身即非名鼻。名觸即是身塵。鼻尚無名。云何因之立界。若取齅知之性為鼻根者。又汝心中。以何為知。若以肉質為齅知之性、則肉質之知元是身觸、非是鼻根也、若以鼻中之空為齅知之性、空則自知、肉質應非有覺、如是則應虛空是汝、汝身非知、今日阿難之身、應無所在、若以香塵為齅知之性、知自屬香、何預於汝、若以香臭二氣必生於汝鼻、則彼香臭二種流氣、不生伊蘭及栴檀木、香臭二物不來汝鼻、汝自齅鼻為香為臭、若鼻是臭、臭則非香、自不聞臭、若鼻是香、香應非臭、自不聞香、若香與臭二俱能聞者、則汝一人應有兩鼻、對我問道、有二阿難、誰為汝體、若能生之鼻是一、則所生香臭應無有二、臭既為香、臭不可得、香復成臭、香不可得、二性不有、則齅知之性、畢竟無體、生識之界、從誰立、即、若因香生識。因香有。（不應知香。）如眼有見。不能觀眼。因香有故。應不知香。（若能）知（香。）即非（香）生。（若）不知（香。又）非（鼻）識。（且）香（塵若）非（識）知（其）有。（則）香界（便自）不成。（鼻）識（若）不知香。因界則非從香建立。既無中間。（之識。亦）不成內外。（根塵。）彼諸聞性。畢竟虛妄。（足顯無生矣。）是故當知鼻香為緣。生鼻識界。三處都無。則鼻與香。及香界三。本非因緣。非自然性。（惟其鼻識即空假中。故孫陀羅難陀悟之。明圓滅漏。）

㊀子 四明舌識界即藏性

阿難。又汝所明。舌味為緣。生於舌識。此識為復因舌所生。以舌為界。因味所生。以味為界。（徵中惟立二案。破中兼破無因。）

貫珠鹹淡甘辛等眾味共成為和合味本性不易為俱生味以火燒煑諸物為變異味

生、及共生、先破舌生、阿難若因舌生、則諸世間甘之甘蔗、酸之烏梅、苦之黃連、鹹之石鹽、辣之細辛薑桂、此五都無有味、則味惟在舌矣、汝試自嘗其舌、為甜為苦、若舌性苦、則根已成境、誰來嘗舌耶、夫舌不自嘗、孰為知覺、舌之苦味也、若謂舌性非苦、則知舌之味、識元自不生、其舌、云何因之立界、次破味生、又為三意、一者若因味生、識自為味、不應知味、同於舌根、應不自嘗、云何識知是味非味、二者以能生倒所生、又一切味、非一物生、則能生之味既多、所生之識、亦應多體、如多父不應共生一子、三者以所生倒能生、識既味生、而體若一、則能生之味亦應是一、如一子決無多父、體必一味所生、則何者為鹹、何者為淡、何者為甘、為辛、何者為諸味和合、相何者為諸味俱生、相何者為諸味變異相即豈非同為一味。應無分別者乎。分別既無則不名識。云何復名舌味識界。次不應虛空生汝心識一句。破無因生也。次舌味和合。即於是中。元無自性。云何界生。破共生也。蓋使舌味和合而生於識。則半屬有知半屬無知。體性紛雜。不成中界矣。是故當知舌味為緣。生舌識界。三處都無。則舌與味。及舌界三。本非因緣。非自然性。惟其舌識。即空假中。故滿慈悟之。能以法音降伏魔怨。消滅諸漏。

㊀子 五明身識界即藏性

阿難。又汝所明身觸為緣。生於身識。此識為復因身所生。以身為界。因觸所生。以觸為界。阿難。若因身生。必無合離二種覺觀之緣。身何所識。若因觸生。必無汝身。誰有非身。知合離者。阿難。物不觸知。從此以下更將身觸合辨。明其無性。破共生意也。言外物本不觸汝之知。但汝身知有物觸耳。然知於身者。即是觸塵。知觸塵者。即是身根。若以為即是觸塵。便非可名為身根。若以為即是身根。便非可名為觸塵。是則身觸二相。元無內外處所可得也。又若謂觸實合身。即為身自體性。別無觸位可得。若謂觸若離身。即是虛空等相。又無觸用矣。內外二界。尚自不成。中間識界。復云何立。中既不可復立。內外之性亦空。則汝識生。從誰立界。豈非因緣即空之明證乎。是故當知。身觸為緣。生身識界。三處都無。則身與觸。及身界三。本非因緣。非自然性。惟其身識即空假中。故優波離悟之。身心一切通利。

## ㊀六明意識界即藏性

阿難。又汝所明意法為緣。生於意識。此識為復因意所生。以意為界。因法所生。以法為界。此雙徵也。次雙破。先破因意生中。復為二義。初約單意不生破。阿難。若因意生。則於汝意之中。必須有所思。可量。乃發明汝意。若一總都無前法。則意根便無所生。離彼法緣。意根尚無形相。意識又將何用。次約同異俱非破。又汝第六識心。設是因意根生。與第七諸之也思量兼第八了別之性。為同為異。識若同於意根。便即是意。云何是意所生。識若異於意根。則不同。意之有知。應即無所識別。若無所識。云何名為意根。所生。若有所識。既無法塵可識。云何但識其意根。由此言之。唯同與異。二性無成界云何立。耶。問曰。識心應指第八。令何反作第六。了別應指第六。令何反作第八。答曰。以名定義。萬無一得。以義定名。萬無一失。今之文義。須如此釋。不可泥字而昧理也。且八識名字。有通有別。別則前六名識。能了境故。第七名意。恒審思量故。第八名心。諸法集起故。通則八皆名識。稱為八識故。八皆名意。皆有思量性故。八皆名心。是心王故。今識心二字。重在識字。故指第六。了別性三字。重在性字。故是第八。思量正指意根。此則易可知也。由第七第八無始恒相依倚。故以兼字顯之。此正問所生識心與能生意根是同是異。則文理俱順矣。二破法生。若因法塵而生。者。法塵無體。何能生識。蓋世間諸法。不離五塵。汝觀色法。及諸聲法。香法。味法。及與觸法。相狀分明。以對五根。俱可指陳。皆非意根所攝。然意根所攝之法塵。不過即是五塵生滅影子。別無自體可得。汝之識性。決定依於法塵而生。者。今汝且諦觀法塵之法。作何形狀。若離色空動靜通塞合離生滅越此諸相。則法塵終無所得。生則不過是色空諸法等生。滅則不過是色空諸法等滅。何處更有法塵自體相耶。所因之法塵既無。則因法塵生所有之識。作何形相。相狀不有。界云何生。其為無生無性明矣。是故當知。意法為緣。生意識界。三處都無。則意與法。及意界三。本非因緣。非自然性。惟其意識即空假中。故大目犍連悟之。心光發宣。圓明清淨。自在無畏也。從初卷佛告阿難汝我同氣至此。是如來荅示文中。就事以顯理竟。

(戊)二明性本具相為三。初當機疑問。二訶誡許宣。三正為開示。(己)今初

阿難白佛言。世尊。如來尋常談說和合因緣一切世

間。一者根身，即眾生情世間，二者器界，即無情器世間，各各具種種變化，皆因四大和合發明。云何如來，今乃因緣自然二俱排擯。撥毀曰排，斥逐曰擯。我今不知斯義所屬，惟垂哀愍開示眾生中道了義無戲論法。

文句，上來就事顯理，正明藏性隨緣不變的，皆中道了義無戲論法。而阿難久執麤淺因緣名言習氣，所以反墮疑網，謂是撥無世諦，不免墮在斷空。故更求開示中道了義也。原此疑情來歷有三，一者近從陰入處界起疑，謂既本非因緣，非自然性，則根塵識等一切皆空，而不知如來所示，乃即事之理。非撥事言理也。二者遠從十番辨見起疑。謂此見性。既非覺聞知見。則能見所見。同為青影。而不知如來所示。乃卽眚之目。非眚外覓目也。三者更從七處破妄起疑。謂緣影既是非心。因緣自然。復俱排擯。則妄無所依。眞無可據。而不知如來所示。惟其離一切相。所以卽一切法也。

㊁三訶誡許宣

爾時世尊。告阿難言。汝先厭離聲聞緣覺諸小乘法。發心勤求無上菩提。故我今時為汝開示第一義諦。如何復將世間戲論。妄想因緣。而自纏繞。汝雖多聞。

如說藥人，真藥現前，不能分別，如來說為真可憐愍。汝今諦聽，吾當為汝分別開示，亦令當來修大乘者，通達實相。阿難默然，承佛聖旨。

文句，此中從初至真可憐愍，是訶辭。汝今諦聽一句，是誡辭。我當下，至通達實相，是許宣。阿難默然承佛聖旨，是領佛誡，一心諦聽，三業皆寂也。初文言汝先厭離諸小乘法者，以阿難歸來見佛，即殷勤啓請，得成菩提方便，豈非厭小求大，故我今時為汝開示第一義諦者，歷指前來所說，一一無非第一義諦，更非次第三諦等也。乃捨此而別求中道了義，大似說藥而不知真藥，良以有聞無慧故也，故仍誡以諦聽，庶幾不為徒聞耳，實相亦即第一義諦，亦即中道了義，以其無相不相，名為實相，前已深明相即無相道理，今更重明無相即相道理，令其通達也。

㊁三正為開示二，初牒疑總示，二歷大別顯，

㊄初中二，初就法破妄，二借喻顯理，㊅今初

阿難，如汝所言，四大和合，發明世間種種變化，阿難，若彼大性，體非和合，則不能與諸大雜和，猶如虛空，不和諸色，若和合者，同於變化，始終相成，生滅相續，

生死死生，生生死死，如戲童以香旋火輪，未有休息。熅陵曰，旋火之輪，無有實體，喻虛妄相成，相續之相也。

文句，如來所說和合因緣，祇為顯示諸法無性，若妄計四大有實體性，由彼和合，能生諸法，則與外道邪計何異，故今牒而破之，先破非和合，次破和合，由不達不變隨緣之性，必計體非和合，由不達隨緣不變之性，必將轉計和合，今並破之，則已密顯如來藏性，方是四大真性，而四大無性，正是如來藏之實性矣，先破非和合云，若計彼諸大之性，體必非和合者，則一一大皆不能與諸大雜和，猶如虛空，不和諸色，便無諸大之用。如地性常堅，遇水不潤，水性常冷，遇火不熱等，何以生成萬物？若計彼諸大之性，必定是和合者，則便同於種種變化，始終相成，生死相續，生而復死，死而復生，從生至生，從死至死，如旋火輪，無有休息，便無諸大之體。如地遇水則失其堅，水遇火則失其潤等，自體既失，又將何以生成萬物？此等豈非戲論妄想乎。

（辛）二借喻顯理

阿

難，如水成冰，冰還成水。

文句此承上文破其妄計，而總示以隨緣不變，不變隨緣之理性也、此為七大總喻、極須着眼、以氷水總喻隨緣之相、以氷水同一濕性、而喻不變之性、若藏性隨於染緣、成佛法界中九界七大、喻以如水成氷、若藏性隨於淨緣、顯九法界中佛界七大、喻以氷還成水、惟一濕性、氷水相殊、是謂不變隨緣、氷水雖殊、濕性無二、是謂隨緣不變、由其隨緣即不變故、所以七大無非性真圓融周徧法界、由其不變即隨緣故、所以七大無不隨心應量循業發現也、

(庚) 二歷大別顯此正顯示隨緣不變、不變隨緣之

藏性方是七大實性所謂性具法門事事無礙之法界也須知七大即是陰入處界但開合廣略不同開色陰為前五大指受陰為根大合想行識為識大又橫列六塵為前五大收六根為根大收六識為識大也既知七大更無異法當以二文前後互融方開圓悟之門前明陰入處界皆如來藏本無生滅須知即是七大皆如來藏本無生滅後明如來藏中性具七大清淨圓融徧周法界循業發現當知即是如來藏中性具陰入處界清淨圓融徧周法界循業發現所

謂即事之理無有少許理性而不攝在事中即理之事無有少許事相而不攝在理中故得毛呑巨海芥納須彌介爾三千剎那十世心性妙理至此已極三諦一諦更無餘蘊故使阿難大悟頓獲法身下文滿慈騰問不過別為法執重者破疑滯耳文分為七初明藏性即地大性至七明藏性即識大性

㊉辛 初中三初破妄執二顯理性三斥迷惑

㊉壬 今初

汝觀十法界內色外色總名地大之性今且約現前外色辨之七分析色自是外道邪計由

彼不達色性即是藏性本與空性無二無別妄謂析色方可歸空令故牒而破之謂汝尚同凡外所計和合因緣觀於此地虛妄體性以為積色至麤方為大地析色至細便為微塵至鄰虛塵乃析彼極微色邊際相七分所成設使更析鄰虛即實成空性耶阿難若使此鄰虛塵果然析成虛空當知此虛空中亦應出生色相矣汝今問言由和合故出生世間諸變化相汝且觀此一鄰虛塵用幾虛空和合而有耶不應即將鄰虛合成鄰虛乎若虛空不能合成鄰虛則知虛空不能出生色相矣又鄰虛塵既能析入空者用幾許色相合成虛空耶若色相不能合成虛空足知析鄰虛不能出生虛空矣若色合時合色則非合空若空合時合空則非合色然則色猶可析

空云何可令耶

㊀二顯理

汝元不知如來藏中之性即是色之真空亦是空之真色故曰性色真空也是故色之與空無非是性無非是真故曰性空真色也色非待合而始有空非待析而始成祇由隨緣常不變故所以不變常隨緣也以其隨緣不變故號為如以其不變隨緣故號為來以其性具十界染淨功能故稱為藏以其無法不在裏許故名為中以其無性之性即是十法界色空實性性不可改體無虛妄故一一皆性皆真以其十法界色皆悉離過絕非體是無作故名清淨本然以其十法界色各各豎窮橫徧故名周徧法界夫性真色空即是性具清淨本然即是性體周徧法界即是性量此示隨緣不變體也隨十法界眾生迷悟之心應其所知染淨之量循於十界善惡諸業而發現為十界苦樂諸色此示不變隨緣用也隨緣即

不變。如氷水之濕性，始終不變。不變即隨緣，如濕性之氷水，總是隨緣，隨寒凍緣，水則成氷，而濕性無減，以喩隨迷染緣，成九界生死幻色，而藏性無減，隨和暖緣，氷則成水，而濕性無增，以喩隨悟淨緣，成佛界真善妙色，而藏性無增。故知總喩，徧喩七大體用性相。今一一文，還須用上喩意，而銷釋之，則旨趣昭然。

㊀三斥迷惑

世間無知，惑為因緣及自然性，皆是識心分別計度。

但有言說，都無實義。

文句：世間者，徧指九法界眾生也。總未達此隨緣不變、不變隨緣妙性，故各各有因緣自然二種妄計。而此妄計，但是戲論言說而已，終無實義可指陳也。蓋凡外世間，或計時方微塵大自在等，諸邪因緣。或計冥諦神我以為自然。此則藏教所明因緣生法。即已破竟。復有鈍根聲聞緣覺稟佛因緣言教。不違如來說法旨趣。以苦集滅道世出世間因果差別。總屬因緣。以滅諦所顯偏真涅槃。性無生滅。還名自然。此則通教所明因緣即空。亦已破竟。復有鈍根三乘。稟佛即空言教。不違如來說法旨趣。以苦集滅道一切如幻。名為因緣。以真理無生。苦不能迫。集不能染。還名自然。此則別教所明因緣假名。亦已破竟。復有鈍根菩薩。稟佛即假言教。不違如來說法旨趣。以無明招感九界生死。名為因緣。但中佛性。凝然不變。如月在雲外。還名自然。此唯今教所明因緣即中。方得破盡無餘。故知未曾開佛知見則九界同名識心。如水成冰。若圓解初開則識心便成妙觀察智。如冰成水。下皆准知。惟其藏性即地大性。故持地菩薩悟之。塵銷智圓。成無上道。

㊇二明藏性即火大性三。初破妄執。二顯理性。三斥迷惑。 ㊈今初

阿難。十法界內火外火。總名火大。今且約現前外火辨之。夫火性無我。且指妄性性本無自體。為破凡外性計故也。寄於薪炬膏蠟諸緣。仍舉正因緣境。然後明其無性。汝觀城

中未食之家。欲炊爨（炊、樞為切。音吹。爨、七亂切。音竄。皆竈也。說文、齊以竈為炊爨。所以熟物者也。）時、手執陽燧。（向）日前求火。（恰以和合。而實非和合也。）阿難、（若欲）名和合者。如我與汝一千二百五十比丘。今（和合而）為一眾。眾雖為一。詰其根本。各各有身。皆有所生氏族名字。如舍利弗、（是）婆羅門種。優樓頻螺、（是）迦葉波種。乃至阿難、（是）瞿曇種姓。（種姓雖異。證道則一。如此方可名為和合）阿難。若此火性因和合（而）有。（者。）彼（以）手執鏡（執艾。）於日（中）求火。此火為從鏡中而出（耶。）為從艾出（耶。）為於日來（耶。）阿難。若（謂火從）日（而）來者。自能燒汝手中之艾。（凡火所）來（之）處。（一切）林木皆應受焚。（而今林木如舊。是火非從日來明矣。）若（謂火從）鏡

鎔銷也
泮散也

中而出。自能於鏡出。然於艾鏡體何故不鎔。今乃紆屈曲之貌汝手執尚無熱。相云何融泮。是火非從鏡出明矣。若生於艾。何藉日鏡光明相接。然後火生。汝又諦觀鏡因手執。日從天來。艾本地生。火從何方遊歷而至於此。凡和合者必衆物雜和一處。方名和合。今夫日在天。而鏡在手。相去遙遠。非和非合明矣。不應火光無所從來。而自有耶。文句。不應火光無從自有一句。兼破不和合義也。

崔豹古今註。陽燧者。以銅為之。如鏡之狀。照物則影倒。向日則火出。以艾炷之也。淮南子云。陽燧火方諸也。論衡云。於五月丙午日午時。銷鍊五方石。圓如鏡中央窪。烏瓜切深也天晴向日則火出。貫珠。此明寄緣出火之意也。

㊀二顯理性

汝猶不知，如來藏中，性火真空，性空真火，清淨本然，周徧法界，隨眾生心，應所知量，阿難，當知世人，一處執鏡，一處火生，徧法界執，滿世間起，起徧世間，寧有方所，循業發現。

文句，此顯性具十法界火，火之與空，皆性皆真，隨緣常自不變，故能隨心應量而循業發現，即是不變常自隨緣，致有十法界火種種差別也，餘如上釋。

(壬)三斥迷惑

世間無知，惑為因緣及自然性，皆是識心分別計度。但有言說，都無實義。

文句義如上釋。惟其藏性，即火大性，故烏芻瑟摩悟之，生大寶燄，登無上覺。

(辛)三明藏性即水大性三，初破妄執，二顯理性，三斥迷惑。

(壬)今初

阿難。十法界內水外水，總名水大。今且約現前外水辨之也。水性不定。有時而流，有時而息。益流息無恒。以明妄性無體，而破外計也。如室羅城迦毘羅仙，此云黃頭，以頭如金色故。斫迦羅仙，此云輪山，依山得名也。及鉢頭摩，此云赤蓮

陟升也

花。此外道計著神我，於定中見紅蓮花在深隩之下，故以名之。訶薩多此云事水等，諸大幻師，求太陰精，月中之水名也。用和幻藥，是諸師等，於白月晝，正當望夜月輪中天名白月晝。手執方諸，承接月中之水。汝觀此水，為復從珠中出耶，空中自有耶，為從月來耶？阿難！若云從月而來者，月輪去地懸遠，尚能遠方令珠出水，月從天來，所經林木，亦皆應吐流，流則何待方諸所出耶。不流則可明水，非從月降矣。若從珠出，則此珠中，常應流水，何待中宵承白月晝耶，則水非從珠出矣。若從空生，空性無邊，水當無際，從人洎天，皆同滔溺滔沒，云何復有水陸空行諸所物象耶，則水非從空生矣。汝更諦觀，月從天陟，珠因手持，承珠水盤本由於人自為敷設。彼水從何方而來。流注於此。月之與珠相去懸遠。非和非合明矣。不應水精無所從來。而自有耶。文句。不應水精無從自有一句。轉破不和合也。

集註。淮南子云。方諸見月則津而為水。高誘註云。方諸。陰燧大蛤也。熟拭令熱。以向月則水生也。論衡曰。十一月壬子日夜半時。於北方錄五方石為之。狀如鉢盂。向月得津。許慎曰。方。石也。諸。珠也。譯人益取許慎之說。故云從珠出水也。

貫珠。求太陰精。用和幻藥。服之以求長生。此亦未見得長生者。縱或有之。亦非真實。百中無一也。然

致福者少而召禍者多如漢唐之君往往服此而暴亡者不啻十數佛以先見之明斥為幻藥也

㊄ 二顯理性

汝尚不知如來藏中性水真空性空真水清淨本然周徧法界隨眾生心應所知量一處執珠一處水出徧法界執滿法界生生滿世間寧有方所循業發現

文句此明性具十法界水水之與空皆性皆真隨緣常自不變故能不變常自隨緣遂有十界水差別也

㊄ 三斥迷惑

世間無知惑為因緣。及自然性。皆是識心分別計度。但有言說都無實義。

文句。惟其藏性即水大性。故月光童子悟之。一味流通得無生忍。

㊁辛 四明藏性即風大性三。初破妄執。二顯理性。三斥迷惑。 ㊁壬 今初

阿難。十法界內動外動。總名風大。今亦且就現前外動辨之。 風性無體。動靜不常。正顯妄無自性。破外計也。 汝常整衣。入於大眾之中。僧伽黎。此云大衣。言衣角動及旁人。則有微風拂彼人面。此風為復出袈裟角。耶。發於虛空。耶。生彼人面。耶。阿難此風若復出

袈裟角。汝乃披風。夫風性搖動。其衣亦當飛搖。應離汝體。我今說法。會中垂衣。而坐。汝看我衣。風何所在。不應謂衣中有藏風之地。則風非出於袈裟矣。若生虛空。汝衣不動。其風何因無拂。風既因空而生。則空性常住。風應常生。能生是常。所生亦應是常也。若無風時。虛空當滅。所生無常。以例能生亦應無常也。然則滅風可見。滅空何狀。若有生滅。是可作法。不名虛空。名為虛空。云何風出。則風不生於空矣。若風自生被拂人之面。從彼面生。當應拂汝。若此風自汝整衣。而出。亦應順拂彼面。云何復說風生彼面。而倒拂。彼面。則風不生於彼面矣。汝審諦觀。整衣在汝。面屬彼人。虛空寂然。不參流動。風自誰方。鼓動而來。至此。風空性隔，非和非合。文句，夫既不達同是藏性，則風性屬動，空性屬靜，不相爲用也。不應風性無從自有。轉破不和合計也。

㊀二顯理性

汝宛不知，如來藏中，性風真空，性空真風，清淨本然，周徧法界，隨眾生心，應所知量，阿難，如汝一人，微動服衣，有微風出，徧法界拂，滿國土生，周徧世間，寧有方所，循業發現。

文句，此明性具十法界風，風之與空，皆性皆真，是故隨緣即不變，不變即隨緣，而有十法界風差別也。

(壬)三斥迷惑

世間無知，惑為因緣，及自然性，皆是識心分別計度。

但有言說，都無實義。

文句，惟其藏性即風大性，故琉璃光法王子悟之

合十方佛傳一妙心。

(辛)五明藏性即空大性，四，初破妄執，二明大均，三

顯理性，四斥迷惑。(壬)今初

阿難，（十法界內空外空，總名空大，今亦且就現前外空辨之。）空性無形，因色顯

發，（正明空無自性，破外計也。）如室羅城，去河遙處，諸剎利（王）種，及

婆羅門，（淨志）毘舍，（商賈）首陀，（農夫）兼頗羅墮，（利根）旃陀羅（屠者）等，

新立安居鑿井求水出土一尺於中則有一尺虛空
如是乃至出土一丈中間還得一丈虛空蓋虛空之
淺深乃隨其出土之多少所謂因緣生法也次明因緣無性中總徵三句此空
為當因土所出即因鑿所有即無因自生即先破無因即是自
然由眾生於四大邊多計因緣於空大邊多計自然故先破之阿難若復此空無因
而自生者當未鑿出土之前何以不無窒礙惟見大地
迥無通達之相次破因土出中先破正計若謂因土所出則見土出
時亦應見空而入夫有先即有後若見土先出無復見有虛空後
入者云何虛空因土而出次若無出入下破其轉計謂若計空無出
入則應虛空與土同體相連元無異因無異則同則土出

時空何不出（耶由其未達空土皆如來藏別無自體故得以此難之次破若因鑿出亦先正破）若空因鑿出，則鑿出空，應非出土（次不因鑿出更破轉計）若不因鑿出，鑿自出土，云何見空？汝更審諦（下此理玄微故更囑云）諦審諦觀（欲其於此悟入妙性也）鑿從人手，隨方運轉，土因地（中）移（出）如是虛空，因何所出？鑿空虛實（者鑿是實物空體虛），（融若未達藏性則虛實迴殊）不相為用（故曰）非和非合（也）不應虛空無從自出（又轉破其不和合計也）

㊀壬 二明大均

若此虛空，性圓周徧，本不動搖，當知現前地、水、火、風，均名五大，性真圓融，皆如來藏，本無生滅。阿難！汝心

昬迷、不悟四大元如來藏、當觀虛空為出為入、為非出入、

文句、此以空均四大、而名五大、顯其皆性皆真、無二無別也、

㊀三顯理性

汝全不知、如來藏中、性覺真空、性空真覺、清淨本然、周徧法界、隨衆生心、應所知量、阿難、如一井空、空生一井、十方虛空、亦復如是、圓滿十方、寧有方所、循業發現、

文句、此明性具十法界、空空之與覺皆性皆真也、

人謂五大是無情法，名為不覺，根識是有情法，名之為覺，殊不知情與無情，皆性皆真，是故十法界若依若正，一一無非清淨本然周徧法界，此隨緣不變之體也，隨十界眾生之心，應其所知大小之量，循於善惡諸業發現，而為十法界空，此不變隨緣之用也。

㊀四斥迷惑

世間無知，惑為因緣，及自然性，皆是識心分別計度，但有言說，都無實義。

文句，惟其藏性即空大性，故虛空藏菩薩悟之妙力圓明.

(辛)六明藏性即根大性.然一切大小乘經秖明六大.所謂地水火風空識.皆不別立此根大名.以一切諸法.色心收盡.地水火風空五大.同是色法.識大.即是心法.此之前五浮勝二根.及浮塵肉團.還屬前五大攝.勝義意根.即識大攝.所以不須立也.今經別立根大.須知於前五根.不取浮勝二種色法.但取任運照現量境一種功能.於第六根.不取浮塵肉團色法.但取勝義黙容諸法一種功能.當知即是第八識之見分.寄在

六根門頭緣彼現量六塵者也。文分為四。初破妄執。二明大均。三顯理性。四斥迷惑。㊀今初

阿難。十法界見聞覺知。一往皆是寄在六根。總名根大。舊稱見大。得別遺總。今所不用。今但約見根一法辨之。以例餘五根耳。見覺無知。因色空有。此明緣生之見無自體性。以例聞齅覺知。無不皆爾也。如汝今者。在祇陀林。朝明夕昏。設居中宵。白月則光。黑月便暗。則明暗等。因見分析。意顯明暗亦無自性。還與見覺互為因緣。以例動靜合離生滅等法。亦無不皆爾也。此是正舉因緣生法。下乃廣明無性。先徵次破。徵中共立六句。一者此見為復與明暗相并太虛空。為同一體。二者為非一體。三者或同。四者非同。五者或異。六者非異。若未達隨緣不變不變隨緣妙性。假饒聰辨明了。斷斷不能出此六句戲論窠臼。故徵起而一一破之。先破一體。

阿難此見精若復與明與暗及與虛空元一體者則
明之與暗二體相亡以暗時無明故以明時無暗故若
見與暗為一體者正當明時暗相已滅則見亦隨暗銷亡矣若見必一
於明暗相現時見當隨明滅矣滅則云何又能見明見暗若
明暗殊見無生滅一體云何成耶二破非一體若此見精與
暗與明并太虛空非一體者汝之見精者離明暗及與虛空分
析別也見元作何形相良由見精離明離暗及離虛空是見
元同龜毛兔角之無矣明暗虛空三事俱異者異字訓作離字設
三事一總俱離則從何而立見乎三破或同或者不定之辭今明暗決定相背
云何可說或同也四超破或異設令離彼明暗及空三事稍有見之自體可以指陳可

說或異。今既元無。則無可別指。云何或異也。五追破非同。非同即異。但是防轉計者之變文耳。分空分見本無邊畔。見精同也。云何可說非同也。六破非異。非異即同。亦是防轉計者之變文耳。見暗見明之性。非有遷改。云何可說非異也。汝更細審微細審詳審諦審觀。囑令更加精研。欲其悟入藏性也。夫明從太陽。暗隨黑月。通屬虛空。壅歸大地。如是見精因於何所而出即。況不違藏性。則見聞。等根。是覺知性。空及四大。是頑礙性。故非和非合。此破其和合妄計也。不應見精無從自出。此又破其轉計不和合也。

㊀二明大均

若見聞覺知之性。圓滿周徧本不動搖。當知無邊不動虛空并其動搖之地水火風均名六大性真圓融皆如來藏本無生滅阿難汝性沉淪不悟汝之見聞覺知本如來藏汝當觀此見聞覺知之性為生為滅為同為異為非生滅為非同異

文句此以見聞覺知均前五大而名六大顯其皆性皆真無二無別也夫十界見聞覺知性圓周徧本不動搖與彼虛空四大一一性真圓融皆如來藏本無生滅明矣汝當觀此見聞覺知為生為滅等者意顯汝今現前見聞覺知既不是生滅同異又不是非生滅非同異謂非如來藏性而何

(壬)三顯理性

汝曾不知。如來藏中。性見覺明。覺精明見。清淨本然。周徧法界。隨眾生心。應所知量。如一見根。見周法界。聽(耳)。齅(鼻)。嘗觸(舌)。覺觸(身)。覺知(意)。妙德瑩(永冰切明也)然。周徧法界。圓滿十虛。寧有方所。循業發現。

文句。此明性具十法界見聞覺知。見之與識。皆性皆明也。覺明覺精即。初卷所謂識精元明。指自證分。言之前文既以見聞覺知。均於五大。則令舉一見字。便是全舉六大人。謂六大之中。五是相分。根是見分。見相二分。不是自證。殊不知見相即是自證自證即是見相見相自證無非妙性無非真明是故十法界若見若相一一無非清淨本然周徧法界是謂隨緣不變之體隨十界眾生之心應其所知之量如一見根眾生洞視不過分寸而非減如來窮盡微塵清淨國土無所不矚而非增聽齅嘗等莫不皆然各各性具一千二百功德橫徧竪窮故曰妙德瑩然秖由十界業異故循業發現而為十界六根於無差別性中妄見種種差別是為不變隨緣之用也

(壬)四斥迷惑

世間無知惑為因緣、及自然性、皆是識心分別計度、但有言說、都無實義、

文句、惟其藏性即根大性、故大勢至法王子悟之、成念佛三昧、

（辛）七明藏性即識大性、然小乘惟言六識、大乘則言八識、今經第八第七兩識、總攝入於意根、前文所云、思量兼了別性是也、此則已屬根大中收、故今獨約前六識言之、明其皆是性具、分文為四、初破妄執、二明大均、三顯理性、四斥迷惑、

（壬）今初

阿難。十法界六種識心。總名識大。今且就阿難眼識辨之。以例其餘五識識性本無源頭。因於六種根塵妄出。正明識是緣生。毫無自性可得。破性計也。汝今徧觀此會聖眾。用目循歷。其目周視。此辨根識不同之相也。為二。先辨根相。即前文根大中。所謂見大。此是第八識之見分。寄於浮勝二種。眼根任運了境。故喻以但如鏡中無別分析。然不同鏡之無知也。次辨識相。汝眼識於中次第標指。此中眼識與同時意識。亦復有別。佛雖不說。理合知之。若但標指。此是文殊。此富樓那。此目揵連。此須菩提。此舍利弗。則眼識功能。所謂親所緣緣也。若起文殊舍利等名言。即是同時意識功能。又眼識所緣文殊舍利等相。但是托彼文殊舍利本質之境。變起眼識家自相分境。而為所緣。非即緣彼文殊舍利實體。以文殊舍利實體。乃阿難第八識之相分。是彼見大之所緣緣故也。推無性中。

先立四句。然後一一逐破。

此識之了知性。為生於

見根耶為生於塵相耶為生於虛空耶為無所因突然

而出耶初破生於見中阿難若汝之識性生於見中如無明

暗及與色空四種必無元無汝之見根則能生之見性指根

也尚無有體從何而發所生之識耶一破生於相中若汝之識性

生於相中不從見生既不見明亦不見暗明暗不矚

即無色空彼能生之塵相尚無有體所生之識從何而發耶三破生

於空者若識生於空者夫空則既非是相亦非是見則

無所辨自不能知明暗色空非相則滅前緣而汝見聞

覺知無處安立既是處此二非為一總俱空耶為除見相之外別有一法耶若

一總俱空則識即同無若別有一法亦非同於見相之物縱發汝識

欲何分別（乎。四破無因生者。）若（識）無所因突然而出（者。）何不日中別識明月。（眼識與同時意識。皆惟緣現量境。決無日中別識明月之理。因見日故。方了別日。則非無因明矣。此以因見因相因空。同屬因緣。以無因為自然。而並破之。）汝更細詳微細詳審見（精）托（於）汝睛。（形）相推（於）前境（但有）可狀。（則汝之識）成（於）有。（既）不（是）相。（則汝之識即便）成無。如是識緣。（既非見非方相。非空。亦非無因。畢竟）因何所出。（況未達藏性。則）識（屬）動（搖。）見（屬）澄（靜。理必）非和非合。聞聽覺知。亦復如是。（皆屬澄靜。餘五種識。亦皆動搖。亦必非和非合。此破其計和合也。）不應識緣無從（而）自出（耶。破其轉計不和合性也。）

## (壬)二明大均

若此識心。本無所從。當知了別見聞覺知（之性。）圓滿湛然、性非從所、兼、彼虛空地水火風、均名七大、性真圓融、皆如來藏、本無生滅、阿難、汝心麤浮、不悟見聞發明了知、本如來藏、汝應觀此六處識心、為同為異、為空為有、為非同異、為非空有、

文句、此以六種識心、均前六大、而名七大、顯其皆性皆真、無二無別也、夫十法界之六識六根、皆悉圓滿湛然、性非從所、與彼虛空地水火風、一一性真圓融、皆如來藏、無生滅矣、此中了別二字、即指六識、見聞覺知四字、仍指六根、汝心麤浮下、責其不悟識心本如來藏、而敕令更加觀察也、六處識

心，為同為異等者，若言其同，則眼識胡不別聲，耳識胡不辨色，若言其異，則耳自聽法，何故身起欽承，口來問義，若言其空，何故了了明明，不可斷滅，若言其有，何故內外中間俱無所在，若言非同，何故性中相知，若言非異，何故用中相背，若言非空，何故覓不可得，若言非有，何故應用無盡，既此六處識心，不是同異空有，亦不是非同非異非空非有，謂非如來藏性而何。

㊀三顯理性

汝元不知，如來藏中，性識明知，覺明真識，妙覺湛然，

徧周法界、含吐十虛、寧有方所、循業發現

文句、此明性具十法界六識、識與本覺、皆性皆真也、明知覺明、即下文所謂性覺妙明、本覺明妙、指真如理性言之、前文既以識心均於六大、則今舉一識字、便是全舉七大、人謂七大秖是根塵識三、全體虛妄、不是妙明明妙真體、殊不知性識即是明知、覺明即是真識、是故十法界識心、一一無非妙覺湛然、徧周法界、是謂隨緣不變之體、由此故有不變隨緣之用、含吐十虛、何方何所、皆是循於十法界業、而發現為十法界識也、含吐二字、通於迷悟且約佛界言之十世古今始終不離當念微塵刹土自他不隔毫端義之如含一念普觀無量劫一光普照十方界義之如吐然含亦非含吐亦非吐故云寧有方所次約迷情言之取頻伽瓶滿中盛空名之為含用餉他國開孔倒瓶名之為吐亦復含無所含吐無所吐故云寧有方所以要言之無不還歸此法界故含徧十虛無不從此法界流故吐徧十虛相宗所謂集起名心集則是含起則是吐也不言隨衆生心應所知量者此識即是衆生之心即是能知之量前之六大恐迷情謂是

心外實法。故須一一皆云隨心應量。今之識大既是直指衆生現前之心。但不知其全體即是藏性。故以含吐十虛寧有方所而名狀之。方知向日所認緣影。不惟不是真心。斷斷乎亦不是六識矣。

㊀四斥迷惑

世閒無知。惑為因緣。及自然性。皆是識心。分別計度。但有言說。都無實義。

文句。惟其藏性即六識性。故彌勒菩薩悟之。得成無上妙圓識心三昧。已上明性本具相竟從初卷佛告阿難汝我同氣至此。是正明理性中。第三如

蕩、徒朗切、釋名蕩、排盪、去穢垢也、又放蕩也、

來答示已竟、

(丁)四大眾圓悟二、初經家敘益、二當機偈讚、

(戊)初中二、初敘益、二敘儀、

(己)初又二、初畧敘、二廣敘、(庚)今初

**爾時阿難、及諸大眾、蒙佛如來、微妙開示、身心蕩然、得無罣礙、**

文句、微妙開示者、由此即性具相之文、方知前來就事顯理之文、一一皆是了義極談也、不復妄認四大為自身相、頓悟清淨法身、故身蕩然、不復妄認六塵緣影為自心相、頓悟常住真心、故心蕩然、

知此妄身妄心，不離法身妙心，如漚不離海，塵不離空，漚之與塵，豈能為礙於空海，故得無罣礙也。

此畧敘悟門，亦是總敘，下之廣敘，即別敘耳。

㊄二廣敘又二，初圓悟三大，二結屬真因。

㊅初又三，初悟性量即是相大，二悟性體即是體大，三悟性具即是用大。㊆今初

是諸大眾，各各自知心徧十方，見十方空，如觀手中所持一葉之物。

文句，此翻前一迷為心，決定惑為色身之內之迷情也。

涅槃經云。佛言我所覺一切諸法。如因大地生草木等。所宣說者。如手中之一葉。

(壬)二悟性體即是體大

一切世間。諸所有物。皆即菩提妙明元心。心精徧圓。含裹十方。

文句。此翻前迷已為物。故於是中觀大觀小之迷情也。且如舉一毛端。便即菩提妙明元心。所以徧能含受十方國土。

(壬)三悟性具即是用大

反觀父母所生之身。猶彼十方虛空之中。吹一微塵。

若存若亡如湛巨海流一浮漚起滅無從

文句此翻前以動為身以動為境譬如澄清百千大海棄之惟認一浮漚體之迷情也惟心所現故云若存心外無體故云若亡因緣和合虛妄有生故其起無所從來因緣別離虛妄名滅故其滅無所從去

(辛)二結屬真因

了然自知獲本妙心常住不滅

文句指彼十界依正色心等法總不離我現前一念介爾之心此心體本離過絕非相本豎窮橫徧

用本具足恒沙，總三義而惟是一心，即一心而宛然三義，的是人人本有之妙心，從來常住不滅，所謂無始菩提涅槃元清淨體，依此修行，乃能得成無上菩提者也。如來最初即語阿難，一切衆生，生死相續，皆由不知常住真心，性淨明體，今乃了然知之，雖是故物，義如新獲矣。

㊁巳二敘儀

禮佛合掌，得未曾有，於如來前，說偈讚佛。

文句，從來未悟，今日始悟，故曰得未曾有，受益既深，感恩自切，故讚佛發願，所以報佛恩也。

㊄二當機偈讚二、初讚歎述益、二誓願請加、

㊁初中二、初讚圓常人法、二述所證淺深、

㊅今初

妙湛總持不動尊首楞嚴王世希有、

文句、此中初一句、指能說人、次四字述所說法、後三字總讚人法皆希有也、言妙湛者、即是隨緣常不變義、言總持者、即是不變常隨緣義、言不動者、即是隨緣不變、不變隨緣、無二體義、一切眾生是理即妙湛總持不動、聞名生解、是名字即妙湛總持不動、起圓止觀、是觀行即妙湛總持、不動、六根

清淨、是相似即妙湛總持不動、無明初破、是分證即妙湛總持不動、圓滿徹證、是究竟即妙湛總持不動、今稱究竟證者、故名為尊、所謂十號具足、天中之天、聖中之聖、九法界世間所共尊也、首楞嚴王、即全性起修三昧之名、具如玄義及初卷釋、今知徵心辨見四科七大等文、無非顯此三昧之體性也、希有者、九界眾生未悟藏性、未具佛德、不能說此三昧、亦未嘗聞此三昧、故為希有、今始得聞之耳、

(庚)二述所證淺深

消我億劫顛倒想、不歷僧祇獲法身、

文句、億劫顛倒者、即無始以來、認悟中迷之妄想也、依此妄想、故有九法界中因緣自然、和合不和合等、種種戲論、今知隨緣不變、不變隨緣妙性、故戲論妄想頓消、而本有法身斯獲也、既言法身、必具般若解脫、與別教所明素法身不同、若欲點示、則倒想消處、即是解脫、能消之智、即是般若、然此法身三德、向本無減、但在迷不覺、僅有其理義之如失、今從迷得悟、始覺有功、名之為獲、而有五位淺深不同、所謂名字獲、觀行獲、相似獲、分證獲、究竟獲也。阿難內秘外現，則其本地密獲，不可妄測。但據迹中顯獲，的在圓教初信，對彼藏教位齊初果。故下文云：汝今已得須陀洹果。明文在茲。惟其方證初信，是故還須定境修觀，以為證入初住華屋之門。當知墮婬室時，尚是凡夫，所以無無漏戒，但有律儀，須佛拯救。而七處計心之文，全是見惑所攝耳。舊註紛紛，不惟罔識如來所說藥相，亦復不知阿難所示病相矣。

圓通疏引婆沙論，明三阿僧祇劫修六度行，百劫種相好因，然後獲五分法身。乃至如唯識云：地前歷一僧祇。初地至七地滿二僧祇。八地至等覺是三僧祇。然後獲究竟法身。此皆方便之談。時長行遠。今云不歷。即同法華八歲龍女。南方作佛。華嚴發心便成正覺也。

㊀二誓願請加三。初發大願。二請佛加。三喻不退。

㊁今初

願今得果成寶王。還度如是恒沙眾。將此深心奉塵剎。是則名為報佛恩。伏請世尊為證明。五濁惡世誓先入。如一眾生未成佛。終不於此取泥洹。

文句。初一偈。是四弘誓願。次一偈。是增上誓願。願今得果成寶王者，期心妙覺極果，是欲證十界道滅，所謂佛道無上誓願成，兼攝法門無量誓願知也。還度如是恒沙眾者，是欲滅十界苦集，所謂眾生無邊誓願度，兼攝煩惱無盡誓願斷也。此四弘誓，依無作四諦而發，故名深心。（以此深心奉事塵剎諸佛，所謂悲智雙運，上求下化，斯名報恩。）次增上誓中，五濁惡世誓先入，是勇猛增上，蓋五濁眾生剛強難化，今達藏性平等無二，方無所畏。如一眾生未成佛二句，是弘毅增上，由達藏性豎窮橫徧，故不遺一眾生，亦不憚盡未來際也。泥洹亦云涅槃，此翻滅度。

(庚)二請加

大雄大力大慈悲希更審除微細惑令我早登無上覺於十方界坐道場

文句證法體故稱大雄具智斷故稱大力能與拔名大慈悲微細惑者據下文佛告阿難汝今已得須陀洹果已滅三界眾生世間見所斷惑即上文所謂消我億劫顛倒想也又云然猶未知根中積生無始虛習彼習要因修所斷得此指三界思惑又云何況此中生住異滅分劑頭數此指界外別惑即今所謂微細惑也無上覺即究竟覺由細惑

除便登妙覺所謂明極即如來也十方界即寂光實報方便同居一切國土所謂一人成佛時法界皆為一佛之依正也

㊎三喻不退

舜若多性可銷亡鑠迦羅心無動轉

文句舜若多此云空空無可銷但漚滅空本無猶可云銷鑠迦羅此云金剛以喻稱性所發堅固誓願之心同於藏性故終無動轉也大科正明理性已竟

大佛頂如來密因修證了義諸菩薩萬行首楞嚴經

易知錄卷第三終

蓬萊
岐昌　和尚共助刻印洋壹佰元正
道亭

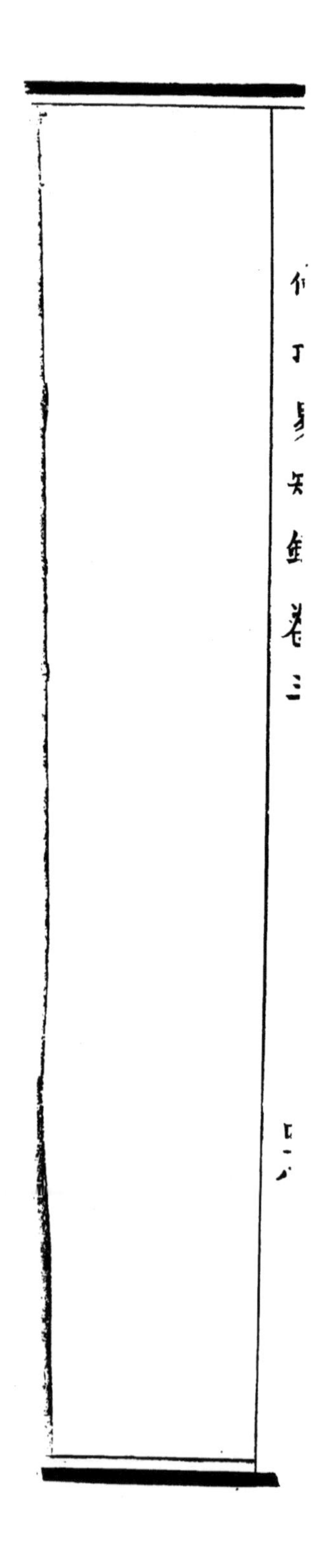

# 大佛頂如來密因修證了義諸菩薩萬行首楞嚴經易知錄卷第四

南嶽祝聖沙門釋默庵治定

(丙)二廣破餘疑。上文就事顯理。即性具相。圓頓妙理。昭(然)揭(出)無餘。所以當機圓悟。永斷疑情。今則別為二乘之人。法執重者。雙騰二疑。以求答示。兼窮起妄之元。俾知迷悟無性。從此便可稱性起修。修非性外矣。分文為二。初明事理性相本融。二明迷悟因緣無性。

(丁)初中三。初疑請。二許宣。三正說。

㊀戊初又二：初敘敬，二歎述。㊀己今初

爾時富樓那彌多羅尼子，在大眾中，即從座起，偏袒右肩，右膝著地，合掌恭敬，而白佛言：

文句：偏袒右肩者，（袒，露也；右，順也。偏袒右肩，所）以表敬順也。右膝著地，名為胡（洪故切，音護，互也。）跪，亦表敬順之意。合掌以表一心。（觀音義疏：此方以拱手為恭，天竺以合掌為敬。手本二邊，今合為一，表不散誕，專至一心也。）以上敘恭敬之儀。

論曰：人言胡跪，乃胡人之跪，此譌也。音義指歸云：不合云胡跪。葢梵世遺種，居五竺閒，而葱嶺之北諸戎羌胡，（方名胡鄉，後世訛云胡跪，乃胡人之跪，殆自辱也。）今經律多翻

互跪以三處翹聳故名互跪即右膝著地也

(已)二歎述又二初歎教二述請　(庚)今初

大威德世尊善為眾生敷演如來第一義諦

文句智能斷惑故名大威悲能利生故名大德又折伏眾生故言威攝受眾生故言德折攝並用如父如母故言大威德世尊也如來第一義諦者歎前所說就事顯理即性具相皆第一義惟有如來能諦了之故稱如來第一義諦

(庚)二述請又三初總述疑情二別述二難三請佛開示　(辛)今初

世尊常推說法人中。我為第一。今聞如來微妙法音。猶如聾人逾百步外。聆於蚊蚋。（蟁人飛虫也。說文。秦晉謂之蜹。楚謂之蚊。）本所不見。何況得聞。佛雖宣明。命我除惑。今猶未詳斯義。究竟無疑惑地。世尊。如阿難輩。雖則開悟。習漏未除。我等會中。登無漏者。雖盡諸漏。今聞如來所說法音。尚紆疑悔。（紆。訓纒。因疑致悔。故曰疑悔。）

文句。此先述其疑狀。并出其致疑之由也。聾人喻聲聞無中道智慧。百步外。喻佛境界去已甚遠。蚊蚋喻中道微妙法音。本所不見。喻聲聞慧眼不見佛中道境。何況得聞。喻無明聾障。不聞所詮實義。

此述其疑狀也。阿難一輩。所知障輕。故先開悟。煩惱障重。故習漏未除。我等羅漢煩惱障輕。故盡諸漏。所知障重。故尚纏疑悔。此出其致疑之由。由於所知障重也。

(辛)二別述二難又二。初從陰入處界文中起理違事難。二從七大文中起相違性難。(壬)今初

世尊。若復世間一切根塵陰處界等。既皆如來藏清淨本然。夫真不容妄。云何忽生山河大地。諸有為相。次第遷流。終而復始。

文句。意謂陰入處界。既皆藏性真理。真不容妄。云

何現見種種妄相此妄從何而生蓋不達如來指妄即真無妄可撥之旨故也

㊀二從七大文中起相違性難

又如來說地水火風本性圓滿融各通各周徧法界湛然常住世尊若地性徧云何容水水性周徧火則不生復云何明水火二性俱徧虛空不相陵滅世尊地性障礙空性虛通云何二俱周徧法界

文句意謂地水火風等一若周徧更不容他蓋不達如來全性即相全相即性之旨而妄以堅礙為地性潤濕為水性等故也

㊫三請佛開示

而我不知是義攸往。惟願如來。宣說勝義中真勝義性。使此一乘妙法。流布法界則如來大慈之風。非但拂開我之迷雲。即此十會及方諸大眾之迷雲。亦無不藉茲而拂開也。作是語已。五體投地。欽渴如來。無上慈誨。

文句。攸往。猶言所歸。開我迷雲。及諸大眾。猶言開我及大眾之迷雲。

㊦二許宣

爾時世尊。告富樓那。及諸會中。漏盡無學。諸阿羅漢

如來今日。普為此會。宣說勝義之中真勝義性。令汝

會中定性聲聞及諸一切未得二空迴向上乘阿羅漢等皆獲一乘寂滅場地真阿練若或云阿蘭若大論翻遠離處正修行處汝今諦聽當爲汝說富樓那等欽佛法音默然承聽

文句有學已悟故獨告無學人也前文就事顯理即性具相無非勝義今更破盡事理性相餘疑名勝義中真勝義性非於前勝義外別有所加但令真性倍昭明耳定性聲聞偏指不迴心者未得二空謂但證人空未證法空然肯迴心向大非定性也一乘寂滅場地者即如來藏妙真如性惟一佛

乘。本來寂滅。依此為本脩因地。方是真正無喧雜處。而為全性起脩之正行也。今說此法。無論迴心與不迴心皆令得悟。正可為法華前陣。若至法華。則已開佛知見。更無不迴心者。亦不勞重開示矣。

(戊)三正說二。初答迷真起妄。以釋理違事難。二答相隨性徧。以釋相違性難。

(己)初中二。初總辨真覺。二別明迷悟。

(庚)初又二。初直指覺性本來寂照。二雙破覺非明與不明。

(辛)今初

佛言富樓那。如汝所言。清淨本然。云何忽生山河大地者。汝常不聞。如來宣說性覺妙明。本覺明妙耶。富樓那言。唯然世尊。我常聞佛宣說斯義。

文句。此先指出本來覺性。不屬迷悟。以為迷悟之所依也。性覺本覺。秖有二名。終無二體。不改名性。固有名本。妙明明妙。不過交互言之。顯其寂而常照。照而常寂。迷之所不能減。悟之所不能增也。滿慈雖曰常聞。實未達其旨趣。故佛得以兩闕勘之。

(辛)二雙破覺非明與不明

佛言。汝所稱覺明者。為復性有所明。而稱名為覺耶。為覺乃不明者。而稱為明覺耶。即此故立明與不明兩闕。以勘驗之。富樓那即便答言。若此不明，名為覺者，則此覺者乃無所明乎。意顯必有所明。方可稱覺。是竟墮在明之一關矣。佛遂雙破之言。汝謂若無所明則無明覺者。意必取有所明也。不知有所便非覺性矣。既破其所領有所明之非。恐彼轉計無所明之妄。故又牒破之曰。無所又復非明。而無明又非覺湛明性也。有所非覺句。顯此覺性不墮明之一關。無所非明二句。顯此覺性不墮不明一關。惟其非明不明。故本來不屬迷悟。而得為迷悟作本也。

(庚)二別明迷悟二。初明眾生迷真成妄。二明諸佛悟妄惟真。

(辛)初中又三。初明所起妄因。二明所感妄果。三結果歸因。

(壬)今初

性覺必明。即前性覺妙明。本覺明妙之義。謂性覺必具真明。此明不是有所之妄明。亦不是冥然不覺之無明也。但真如本有隨緣之用。由其無始以來。曾未悟故。不覺念起。而妄為明覺。即無明業相。唯識所謂第八藏識也。是故覺性元非所明。因此妄明。遂立妄所。即境界相。唯識所謂相分也。所既妄立。隨即生汝妄能。即能見相。唯識所謂見分也。以上乃三種細相。即根本無明也。於是本無同異中。熾然遂成能所二法之異矣。此非世界相續之張本乎。又復異於彼之所異。因異復立妄同。此非十方虛空之張本乎。又既有同異發明。因此復立無同無異。豈非眾生相續之張本乎。夫一念無明不起則已。起則必成能所之異。有異則必有同。有異有同。則必有無同無異。如是諸法森然頓起擾亂。性真兩兩相待。安得不生勞慮勞慮既久。安得不發妄塵。既有妄塵。安得不自相渾濁。由是引起塵

**勞煩惱。**豈非業果相續之張本乎。是知三相續因。總不離於一念無明也。此文舊以三細六麤釋之。義亦可然。但令文勢斷續。經旨難明。今故不用。設欲配之。亦無不可。妄為明覺。即無明業相。立所。即境界相。妄能。即能見相。境界是相分。能見是見分。此之二分。起必同時。故起信論先能後所。此中先所後能。各從語便。實不相違。已上是三細也。次相待生勞。即六麤中智相。勞久即相續相。發塵即執取相。自相渾濁即計名字相。塵勞煩惱即業相。及業繫苦相也。無明不覺生三細。境界為緣長六麤。不依本覺。安有無明。不依無明。安有境界。不依境界。安有六麤。攝六麤秖歸見相。攝見相秖屬無明。攝無明不離本覺。可謂全真成妄。全妄即真矣。

㊁壬 **二明所感妄果二。初牒上畧明二相。二廣顯三種相續。**

㊁癸 **今初**

承上一念無明既具三細六麤諸相。由是**起為世界。靜成虛空。**當知十方**虛空。**

秪為妄心中之同相所成。種種世界。秪為妄心中之異相所成。則無情空界。不離吾人現前一念妄心明矣。又彼同異發明。所立無同無異。即是有情眾生。謂之曰同。則身命各異。謂之曰異。則四大是均。心識亦均。故名無同無異。然此無同異法。乃是因於同異發明而立。真是有為之法。與上文本無同異之覺性。實不侔矣。此可見有情眾生。亦秪是吾人現前一念妄心中之無同異相而已。

(癸)二廣顯三種相續。三。初明世界相續。二明眾生相續。三明業果相續。

(子)今初

夫世界相續。亦不離吾人現前一念無明心也。由妄為明覺。因明立所。因所彰能。能為妄覺。所為頑空。妄覺是明。頑空是昧。二法相待。法爾成搖。故有風輪。執持娑婆世界。可見一切風輪。秪是吾人現前一念心中之動相耳。因空生搖。對動成靜。故曰堅明立礙。謂於妄明之中。堅立一種礙相。以與動相對也。彼世界之金寶者。即汝妄明覺體所立堅相。故有金輪保持國土。可見一切金輪。祇是吾人現前一念心中之堅相耳。於妄心中。堅覺之寶既成。搖明之風復出。以心中妄動之風。摩心中妄立之金。一動一靜。相摩。故有火光為變化性。無而忽有。有而忽無。可見一切火大。祇是吾人現前一念心中之動靜二相所摩成耳。妄心堅覺之寶明。既能生潤。妄心變化之火光。又復上蒸。故有水輪含十方界。可見一切水大。祇是吾人現前一念心中之金火二妄所蒸成耳。一念妄心既已全具四大。於四大中。火性常騰。水性常降。交互發生。立諸堅礙。遂有山河大地。水勝則濕為巨海。火勝則乾為洲潬。洲水渚也。潬徒旱切。音但。沙渚也。大者為洲。小者為潬。爾雅釋水。並水中可居人之處。以是義故。彼大海亦心中妄火互立。故得火光常起。彼洲潬亦藉心中妄水互立故得江河常注也若妄心中之水勢甚劣火勢甚勝則結為高山是故山石秖是妄心水火結成故擊則成燄融則成水若妄心中之土勢甚劣水勢甚勝則抽為草木是故林藪秖是妄心水土抽出故遇燒還成土因絞還成水可見地水火風全是吾人現前一念妄心中物以此妄物於妄心中交互有妄相發生故淂遞相為種以是因緣有妄世界相續除卻吾人現前一念妄心之外安有少許實法可得即此雖密可即義等起火中海而事違不理妄成真迷示答

答示迷真成妄理不違事而海中火起等義即可密釋相違性之難端至後相傾相奪隨為色空等義又可兼釋理違事之餘惑良由諦理圓徹故使佛語巧妙若此珍之味之又復應知文中似惟顯示娑婆凡聖同居世界相續之相而方便實報二種世界相續亦不外此以不違妄心中四大即空故有同居世界相續以不違妄心中四大假名無量故有方便世界相續以不違妄心中四大即中故有實報世界相續

也此文舊以五行生尅訓之甚違經旨經顯一切惟心乃用世間妄計為解安得相蒙且如山石擊燄融水於五行之說云何會通若以石屬金則金能生水烏能又生於火若以石為土則水火皆不應生又林燒成灰可云火能生土因絞成水豈是木反生水故知世間五行元無實義不應以彼而釋此也然儒宗太極兩儀之說卻與此經暗合但彼不說惟心所現便非正因緣境令不避繁文試一點出經文所稱覺明空昧即彼所稱太極太極圖中半白半黑黑表空昧白表覺明也相待生摇風輪持世即彼所謂太極動而生陽以其周行地外計以為天也堅明立礙金輪持國即彼所謂動極復靜靜而生陰以其成形於内計以為地也火光為變化性者即彼所謂體陰用陽離之象也水輪含十方界者即彼所謂體陽用陰坎之象也所以先天八卦乾南坤北離東坎西正彷佛惟心四大但不達惟心故云太極生兩儀兩儀生四象耳火騰水降等者即彼所謂後天八卦水火為政故離南坎北以表騰降之象也大約儒門計風金二大為天地之體計水火二大為天地之用然後具生後天五行不知太極動靜全是當人妄心動靜依

此妄動妄靜，妄有世界相續，豈有五行實法，能相生尅哉。惟周子先悟道於東林，故作太極圖說，欲人了知太極本非心外實法，只是無明迷於覺性，妄成阿賴耶識，而此無明全體虛妄，了無自性可得，故點破云：無極而太極，謂此太極本無所謂太極，但是從無住本，立一切法耳。後儒不達，更推無極為太極，本失旨甚矣。又孔子易傳亦云：易有太極，乃密指易理為隨緣不變，不變隨緣之藏心，特以機緣未到，不得明言，此又菩薩苦心，不可不知。

(子) 二明眾生相續

夫眾生相續，亦不離吾人現前一念無明心也。故牒前文而示之曰：復次富樓那，眾生之明妄非他，即是覺性起於妄明為咎耳，由其所妄既立，遂使能明之理不踰超也。以是因緣，聽不出聲，見不超色，而所緣中之色聲香味觸法，六妄成就，由是分開，妄能而為見覺聞知之六根此即前文所謂結暗為色後文所謂見精映色結色成根等也既有此虛妄六根則念念執之為我如頻伽瓶滿中擎空遂為生死輪迴之本必招胎卵濕化之形胎卵二生則同業相纏濕化二生則合離成化且如胎生之始由彼虛妄六根中陰之身於有緣處見有一點明相所欲之色發現在前依此明見則婬欲之想便成男見父而憎女見母而憎故曰異見成憎男見母而妄想謂妻故成愛女見父而妄想謂夫故成愛故曰同想成愛流注此愛以為受生種子納彼妄想於父精母血之中以為其胎此由男女交遘發生吸引彼同業有緣之中陰故有因緣生初七日之羯羅藍猶如凝滑二七日之遏蒲曇其狀如皰等等者等取三七日之蔽尸猶如軟肉四七日之羯南猶如堅肉五七日之鉢羅奢佉分開四支名為形位乃至十月而出胎也如此胎卵濕化四生隨其所感業緣而隨應之卵惟想生如雄鳴上風雌鳴下風之類按

禽經鶴以聲交而孕張華云雄鳴上風雌承下風則孕**胎因**鍾愛不捨則惟**情有**也此與七趣文中情想不同彼以思善為想念惡為情此以男女愛慕為想綢繆為情也惟想故藉四緣生一業二父三母四煖以羯羅藍為初生相因情故藉三緣生一業二父三母以遏蒲曇為胎卵漸分之相**濕以**親附不捨乃有**合感**故藉二緣生一業二濕以蔽尸為初生相**化以**捨此趣彼而為**離應**故惟一緣生所謂業力以羯南為初生相眾生無始以來或**情**變為想**想**易為情**合**變成離**離**易為合等**更相變易**種種不同**所有受業**無不**逐其**善業則四生皆有**飛**舉之樂遂其惡業則四生皆有**沈**墜之苦**以是因緣眾生相續**明其但是覺明為咎更無他因也此雖但明六凡眾生相續之相而方便實報土中三乘眾生相續亦可例知所謂投真諦胎投俗諦胎投中諦胎出見思卵殼出塵沙卵殼出無明卵殼見思習潤塵沙習潤無明習潤潤即是濕空觀化假觀化中道化乃至界外情想合離以理思之

芻（音初。）豢（音宦。）禮月令疏，以草飼牛馬曰芻，以穀飼犬豕曰豢。

（子）三明業果相續

富樓那，（夫婬）想（與婬）愛同結（於心），愛不能離，則諸世間父母子孫相生不斷，是等則以欲貪為本（也。凡有身命，皆從愛欲中來，必求滋養，故彼生者）。貪（此之芻豢養者，）愛（彼之血肉，彼此）同滋，貪不能止，則諸世間卵化濕胎，隨力強弱，遞相吞食，是等則以殺貪為本（也。如）以人食羊，（一類推之。）羊死為人，人死為羊，如是乃至十生之類，（言十二類生中，惟除土木金石。空散消沈，不可食故，此外則）死死生生，互來相噉，（既造）惡業（為續生之緣，故世世）俱生（處，以償其債。）窮未來際，（不出三界。）是等則以盜貪為本（也。不與而取名之為盜。畜生何嘗肯與人食，橫取食之，盜莫大焉。故約互傷名殺，約互取名盜。此特舉業之最重者言耳，由其殺盜二貪，故有）汝負我命（汝還我命此屬殺貪我負汝債）我還汝債（此屬盜貪）以是（命債）因緣經百千劫常在生死（由欲貪故乃有）汝愛我心我憐汝色（我愛汝心汝憐我色）以是（愛憐）因緣經百千劫常在纏縛唯殺盜婬三為根本以是因緣業果相續

文句此明業果相續總不離一念妄貪也真如不守自性妄為明覺最初一念貪明已為眾貪之本由其所貪益劣造業益惡感果益苦一切瞋癡慢等皆由貪生故獨指三貪為業果根本也若統論惡業則有十惡不止身三又統論業果則有善惡不動三業招感三界有漏苦樂不動三果故下文

云有名鬼倫無名天趣有無相傾起輪迴性也又偏真業感方便果緣了業感實報果通前三界業果總是迷中妄業妄果如水成冰惟稱性業感寂光果即是悟中真業真果如冰成水又婬論事婬理婬殺論事殺理殺盜論事盜理盜以成同居方便實報三種業果相續可以意知

㊀三結果歸因

前已尅示從因感果今更結屬果惟妄因別無實法也

富樓那如是三種顛倒相續始則似有世界乃有眾生有眾生乃有業果後則由業果不斷故眾生不斷由眾生不斷故世界不斷然皆非心外有實顛倒不過皆是覺明體中妄生明了知性因此妄了

發起所知妄相，從於妄有能見而生耳。此中明了知性，即牒前妄為明覺，是業相也。因了發相，即牒前因明立所，是境界相也。從妄見生，即牒前生汝妄能，從此妄能生一切法，是能見相也。今之山河大地，諸有為相，次第遷流，不過因此虛妄微細三相為本，遂成六麤諸相，終而復始，豈有他哉。

(辛)二明諸佛悟妄唯真。二。初領義起疑。二舉喻答

釋。(壬)今初

富樓那言：若此妙覺本妙覺明，與如來心不增不減，無狀忽生山河大地諸有為相，如來今得妙空明覺，山河大地有為習漏何當復生。

文句。此領上文眾生迷真成妄之旨，而翻疑真能

起妄也故曰若此眾生所具妙覺之體本來如此之妙如此覺明不假修證與如來心不增不減而無狀忽生山河大地諸有為相則如來今得妙空明覺乃與眾生元始一般不識山河大地有為習漏何時亦當無狀復生耶據問意有二種迷一者不達只令眾生現行無明及所見山河大地元非實有二者不達生佛雖復理同一惟性德一有修德故佛須以四喻而兼答之

(壬)二舉喻答釋二初喻妄因妄果其體本真二喻真智真斷不重起妄

(癸)今初

佛告富樓那，譬如迷人，於一聚落，(忽生迷)惑(以)南為北，此(人之)迷為復因(於)迷而有(耶)，因(於)悟而出(耶)？富樓那言，如是迷人，亦不因迷，又不因悟，何以故，迷本無根，云何因迷，悟非生迷，云何因悟。佛言，彼(村)之迷人，正在迷(南為北之)時，倏有悟人，(喻善友也)指示(喻教行也)令悟，富樓那，於意云何，此人縱迷，(今既得悟)於此聚落，更生迷不？不也，世尊。富樓那，十方如來，亦復如是，此迷無本，性畢竟空，昔(在迷時，亦)本無迷，(但是)似有迷(情妄)覺，(今一)覺迷(則)迷(永)滅，(而)覺不生迷(矣)。亦如翳人，見空中華，翳病若除，華於空滅，忽有愚人，於彼空華，所滅空地，待華更生，汝觀是人、為愚為慧、富樓那言、空元無華、妄見生滅、見華滅空、已是顛倒、勅令更出、斯實狂癡、云何更名如是狂人、為愚為慧、佛言、如汝所解、云何問言、諸佛如來、妙覺明空、何時又當更出山河大地耶、

文句、初迷方喻、以喻妄因本空、二空華喻、以喻妄果非有、所以開其實有現行無明、及山河大地之迷意、謂眾生分中、尚無無明、及山河大地生相、況諸佛乎、文並可知、

㊈二喻真智真斷不重起妄、

又如金鑛、古猛切、即蘊金之砂石也、雜於精金、其金一純、言出鑛之後、

更不復成雜矣。如木成灰之後。不重為木。諸佛如來。菩提涅槃。二轉依果。亦復如是。

文句。金喻菩提智德無變。灰喻涅槃斷德無生。所以開其但知性德。不知修德之迷。意謂精金已經煅鍊。本灰已自燒成。豈同在纏本覺而已。然本妙覺明妙空明覺。離過絕非。言辨莫及。故須合此四喻。方可庶幾。若但用前二喻。未顯生佛永殊。若但用後二喻。未顯生佛平等。今以後喻合前。則知六而常即。以前喻合後。則知即而常六。又依前二喻。不須移方滅華。但貴指迷拭翳。則知無修而修。依後二喻。雖用紅爐烈火。原是本具金灰。則知修而無修矣。

㊁二答相隨性徧以釋相違性難。二。初牒問。二正答。

㊀今初

富樓那。又汝問言。地水火風。本性圓融。周徧法界。疑水火性不相陵滅。又徵虛空。及諸大地。俱徧法界。不合相容。

文句。此牒其第二從七大中所起相違性難而答之也。

㊀二正答。二。初舉喻。二法合。

㊇今初

富樓那譬如虛空體非羣相而不拒其呂切違也彼諸相發揮所以者何富樓那彼太虛空日光照耀則成明相雲物屯聚則成暗相風勢飄搖則成動相霽景澄朗則成清相昏氣凝結則成濁相塵土蔽積則成霾相水涵澄影則成映相空本無心遇物成形於意云何如是殊方諸有為相為因彼日雲等七緣而生為復虛空自有若謂因彼所生富樓那汝且觀日照之時既是因日生明不藉虛空則應十方世界同為日色云何空中更見圓日若是因空生明空自有明應能自照云何中宵與夫雲霧黑暗之時不生光曜當知是明相非因於日生非因於空生若云空日和合共生則此明相那

異訓離也

一半是空生、那一半是日生、有是理乎、然無生無性、當知彼之六相、亦皆無生無性矣、不異於空日、若離空日、何處更有明相、既此明相、

文句、此中譬如虛空下、先舉喻顯其相容、於意云何下、次推徵示其虛妄也、妙覺明心、無物可譬、權以虛空譬之、而以明暗動清濁霾映、七種諸有為相、權喻七大、然不必一一分配、但總顯虛空非七相、不拒七相發揮、以喻藏性非七大、不拒七大發揮而已、推徵中但推明相一種、以例其餘、

㊅辛 二法合二、初正合上喻、二重明理性、 ㊀壬 今初

觀相元妄、無可指陳、猶邀空華、結為空果、云何詰其

相陵滅義觀性元真唯妙覺明妙覺明心先非水火云何復問不相容者[此段錯簡宜在無可憑據之下]真妙覺明亦復如是汝以空明則有空現地水火風各各發明則各各現若俱發明則有俱現云何俱現富樓那如一水中現於日影兩人同觀水中之日東西各行則各有一日隨二人[兩]去一東一西先無準的不應難言此日是一云何[東西]各行[東西]各[有一]日[是日]既雙云何現[在虛空止]有一[日]宛轉虛妄無可憑據[此下宜接觀相元妄一段]文句真妙覺明亦復如是者合上太虛空喻也空明空現地水火風各各發明各各現者合上日照

則明、雲屯則暗等喩也、俱發俱現則非太虛之所能譬、故更巧借日影譬之、若知二人所見、各是全日、元無二日、則知水火等相、皆是全體藏性、亦無二性矣、故即以法結示之曰、若但觀七大之相、則元是虛妄、無可指陳、猶邀空華、結為空果、云何詰其相陵滅義、若深觀七大之性、則全體元真、只此七大、惟是妙覺明心、則水本非水、火本非火、云何復問不相容者、先字、訓作本字、非先後之先也、倘謂性本先非水火、後來方有水火妄相、則本無今有、性相分途、其去冥諦神我邪計不遠矣、

(壬)二重明理性三。初明不變隨緣用。二明隨緣不變體。三結責迷情。(癸)今初

富樓那。汝字雖指滿慈。意實徧指九界眾生。繇其生相無明未破。色空情見未亡。故以此色空相傾相奪。於如來藏。而如來藏性不變之體隨於染緣以為九界色空。各各周徧法界。猶如太虛不拒諸相發揮。是故於中。妄有風動空澄。日明雲暗等事也。此由九界眾生迷於藏性悶於無明背覺合塵。則本有覺性。非背而背。虛妄塵相。非合而合。故發三惑塵勞。有實報方便同居諸世間相。我字徧攝十方三世一切諸佛。由其稱本覺性起始覺智。此智照而常寂。全修即性故以妙明不滅不生。合如來藏不變之體。而如來藏隨於淨緣唯妙覺明。圓照法界。是故於中一亦藏性故亦可為無量。

無量亦藏性故無量可為一。小亦藏性故小中可現大。大亦藏性故大中可現小也則不動道場徧十方界。四依解即一為無量也身含十方。無盡虛空。即無量為一也於一毛端現寶王剎。貫珠。毛屬身。毛乃正報別相最小者。剎屬佛土。乃依報總相最大者。剎處毛端。毛不大。即小中現大也。法華經云。白毫相光照東方萬八千世界。毛現剎土。剎不小。即大中現小也。坐微塵裏轉大法輪。貫珠微塵乃依報之最小者。能坐之身。乃取現身說法無量之身。即正報之最大者也。由塵望身。則身處微塵即小中現大。由身望塵。則塵包身相。乃大中現小。此明依中現正。彼此無礙也。塵屬依報別相最小者。法由口演。屬正報總相最大者。坐塵轉輪。塵不小。即小中現大。法轉塵中。法不大。即大中現小。是殆非身毛剎塵。皆如來藏性之明證也歟。此由如來滅塵合覺。故發真如妙覺明性。然則塵果滅乎。蓋達塵非塵。無滅言滅耳。覺果合乎。蓋了塵即覺。無合言合耳。真如妙覺。明性果發乎。蓋發即無發。無發即發之不可思議妙用也。

㊂二明隨緣不變體。文分為三。初明隨緣不變如實空義。二明隨緣不變如實不空義。三明隨緣不變遮照同時義。㊀今初

而如來藏本妙圓心。非心非空。非地非水。非風非火。非眼非耳鼻舌身意。非色非聲香味觸法。非眼識界。如是乃至非意識界。六凡 非明無明。明無明盡。如是乃至非老非死。非老死盡。緣覺 非苦非集。非滅非道。非智非得。聲聞 非檀那。布施 非尸羅。戒 非毘梨耶。精進 非羼提。忍辱 非禪那。定 非般剌若。智慧 非波羅密多。到彼岸。亦云度無極。菩薩法界

也。如是乃至非怛闥阿竭。如來非阿羅訶。應供三耶三菩。正編知非大涅槃。滅度非常。非樂。非我。非淨。佛法界也。文句此顯藏性正隨緣時。所有十界染淨諸法。隨拈一法。無不皆是圓融真諦。一切俱非。即藏性如實空義。正隨緣而常不變也。言如來藏本妙圓心者。重一圓字。為顯性量。首言非心者。即指心法。次非空。乃至非波羅密多者。指眾生法。次如是乃至等者。即指佛法。意顯心佛眾生三無差別一非一切非也。又眾生法中。非空至非意識界。是六凡法豎三諦中屬於俗諦。非明無明。至老死盡。是緣覺法非苦至非得是聲聞法此二屬於真諦非檀那至波羅密多是菩薩法并後佛法同屬中諦今一切俱非所謂一空一切空假中皆空不思議大真諦也緣覺法中言明無明者由妄明故便有無明或以初一明字指彼觀因緣智亦可非今所重不須辨之

㊀子 二明隨緣不變如實不空義

以是俱非世出世故即如來藏元明心妙即心即空即地即水即風即火即眼即耳鼻舌身意即色即聲香味觸法即眼識界如是乃至即意識界即明無明

明無明盡。如是乃至即老即死。即老死盡。即苦即集。即滅即道。即智即得。即檀那。即尸羅。即毗梨耶。即羼提。即禪那。即般刺若。即波羅密多。如是乃至即怛闥阿竭。即阿羅訶三耶三菩。即大涅槃。即常。即樂。即我。即淨。

文句此顯十界染淨諸法。隨拈一法。無不皆是圓融俗諦。一切諸即。即藏性如實不空義。正隨緣而常不變也。以是俱非世出世故。結上起下。非六凡。故非世。非四聖。故非出世。由其一切俱非。所以一切俱即。故此句宜屬此也。元明心妙。重一妙字。為顯性具心佛眾生。一即一切。即又三諦俱即。所謂一假一切假。空中皆假。不思議大俗諦也。

㊂三明隨緣不變遮照同時義

以是俱即。世出世故。即如來藏妙明心元。離即離非。是即非即。

文句。此顯十界染淨諸法。隨拈一法。無不皆是圓融中諦。一切雙遮雙照。即藏性遮照同時義。正隨緣而常不變也。以是俱即句。亦是結上起下。由其俱非而又俱即。所以即是妙明心元。此句重一元字。為顯性體心佛眾生。一遮照。一切遮照。又三諦俱遮俱照即所謂一中一切中空假俱中不思議大中諦也離即離非者雙遣上文俱非俱即二義是即非即者雙收上文俱非俱即二義仍須略約心佛衆生三法廣約十界三諦以辨其相所謂離即心離非心是即心是非心離即空離非空是即空是非空乃至離即淨離非淨是即淨是非淨等可以意知不能繁述然此圓融藏性一體三義徧在十界三諦及心佛衆生三法之中無不各各圓融若不再為點示仍恐讀者封文失旨請稍陳之如來既指陰入處界七大等法全是藏性須就此

法以觀藏性且如佛法之中舉一如來名號此如
來名非心非空非地非水乃至非我非淨此如來
名即心即空乃至即我即淨此如來名離即離非
是即非即其餘一切佛法亦復如是又如衆生法
中舉一地大此地非心非空非地非水乃至非我
非淨此地即心即空即地即水乃至即我即淨此
地離即離非是即非即其餘一切衆生依正亦復
如是又如心法之中舉此現前一念介爾之心此
介爾心非心非空乃至非我非淨此介爾心即心
即空乃至即我即淨此介爾心離即離非是即非

即其餘一切諸心心所亦復如是由此即事之理具足即理之事方成事事無礙法界否則諸佛所證非即眾生所有何名三無差別思之思之

㊀三結責迷情

如何世間三有眾生及出世間聲聞緣覺以所知心測度如來無上菩提用世語言入佛知見譬如琴瑟箜篌琵琶四種樂器雖有妙音若無妙指終不能發汝與眾生亦復如是蓋寶覺真心各各圓滿也如我按指海印三昧發大光明汝暫舉心塵勞先起由不勤求無上覺道愛念小乘得少為足

文句、三諦圓融之本理、名為如來無上菩提、三觀圓明之智眼、名為佛之知見、豈凡夫滯有、二乘滯空之心、所能測度、空世間因緣自然種種語言、所能得入哉、次以琴瑟箏等物、喻現前陰入處界大等以妙音喻藏性妙理、以妙指喻了義修證、以汝與衆生合琴瑟箏等喻、以寶覺真心、各各圓滿、合各有妙音喻、以按指合喻中妙指義、以海印發光、合喻中妙音發義、以汝暫舉心、合無妙指喻、以塵勞先起、合不發妙音喻、海印者三昧之名、得此三昧、炳現世出世間一切諸法、猶如大海、閻浮提影、悉於中現也。由不勤求等者。出其無有妙指之由。由於愛念小乘。所以迷理無明全在。舉心便屬塵勞。不得大用現前也。

㊅二明迷悟因緣無性。前文既舉寶覺真心。各各圓滿。但由迷悟不同。致使大用不現。又恐愚者。以迷悟因緣為有實法。今故重明其無性也。文分為二。初答滿慈重徵妄因。二答阿難再執緣起。

㊉初中二。初問。二答。㊁今初

富樓那言。我與如來寶覺圓明真妙淨心。無二無別。圓滿具足。而我昔遭無始劫來顛倒妄想。久在輪迴。今雖得聞聖乘妙義、猶未究竟、今者世尊、已證極果、諸妄一切圓滅、獨存妙湛真常、我與如來別者、蓋為妄想蔽此真常也、敢問如來、一切眾生、何因有妄、自蔽妙明、受此淪溺、

文句、前文是問山河大地諸有為相生續之因、故明迷真成妄、答在無明、今文更問無明以何為因、故曰何因有妄也、幽溪云、雖問生妄之因、正欲顯息妄之因、故佛隨以真亦無得答之、

(己)答中二、初明妄本無因、二明真亦無得、

(庚)初又三、初立喻、二顯法、三結合、(辛)今初

佛告富樓那、汝雖除疑、餘惑未盡、吾以世間現前諸

魑魅。魑唐韻丑知切，音摛。魅韻會，明祕切，音媚。左傳註，魑魅刀山林異氣折生，為人害者。

事。今復問汝，汝豈不聞室羅筏城中，演若達多之狂耶。忽於晨朝以鏡照面，愛鏡中頭眉目可見，認影也。瞋責己頭不見面目，迷頭也。以為魑魅之怪物，忽然無狀狂走之事乎。於意云何，此人何因無故狂走，富樓那言，是人心狂，更無他故。

文句，除疑者，事理性相已無疑也。餘惑未盡者，迷悟情量猶未捨也。演若達多，此云祠授，從神乞得也。愛鏡中頭眉目可見，喻妄取幻境，瞋責己頭不見面目，喻迷背真性。當知凡夫愛妄有而不見真空，指人天也。三乘愛偏空而不見妙有，菩薩愛萬行而不見中道。指藏通三乘也。別教愛但中。而不見法界。皆狂走也。答言是人心狂。更無他故。則知妄本無因矣。

㊄辛 二顯法

佛言妙覺明圓。指眾生所具之理性也。本圓明妙。言其不假修成也。真本無妄。則妄性本空。夫妄既稱為妄。云何有因。若妄果有所從來。即為有因。夫有因云何可名為妄耶。良由無始覺智。所以自諸妄想展轉相因而生。從迷積迷。以歷塵數之劫。雖佛以大智發明一切妙義。猶不能返也。如是迷因。因迷自有二句。不是說其因迷生迷。蓋因迷因悟上文已曾雙破。今言如是迷因。正因迷惑不達無因。所以非有而常自有也。若識得迷本無因。則便知妄想無性。更何所依。最初尚無有生。卻後欲何為滅。

得菩提者。恰如寤時人說夢中所見之事之物。心縱精明。欲以何因緣取夢中之物耶。

(辛)三結合

況復無因本無所有。此承上文。言夢中之物。醒時了不可取。況復此妄一總無因。本無所有。如彼城中演若達多。豈有照鏡因緣。自怖失其頭狂走。以人皆照鏡不狂走故。故知忽然狂心頓歇。本有之頭非從外得。可喻如來之妙覺明圓。縱未歇狂。亦何遺失。可喻衆生之本圓明妙矣。富樓那。汝及一切衆生。妄性亦復如是。言與達多之狂走無異。夫狂走無因。因何為在耶。

(庚)二明真亦無得 二 初法 二喻

(辛)今初

夫富樓那等。既證無漏。已斷殺盜婬三緣。秖因法執未破。不知世間業果衆生三種相續。全無實性。是故

（隨此虛妄分別，便謂有三界可出，有涅槃可證，還似達多怖頭狂走，令）汝但（須）不隨（此虛妄）分別世間業果眾生三種相續，（則）三緣（業已先）斷故，（而）三（種相續妄）因（亦復）不生，則汝心中（之）演若達多狂性自歇，歇即菩提（矣），勝淨明心本（來）周（徧）法界，（元是已物，）不從人得，何藉劬勞肯綮修證。（肯綮者，筋脈聚會之處，何藉劬勞肯綮修證，言不待勞筋苦骨也。此為滿慈輩已斷煩惱者言之，若統論修證要途，則不隨分別，是從理以開圓解，三緣斷故，是從事以起實修，事理雙進，方能直下了當。蓋雖斷三緣，而仍隨分別，則成人天二乘偽果，不了斷三緣，而駕言於不隨分別，則墮善星比丘覆轍，故須事理並進也。）

㊀辛二喻

譬如有人，於自衣中，繫如意珠，不自覺知，窮露他方，乞食馳走，雖實貧窮，珠不曾失，忽有智者，指示其珠，所願從心，致大饒富，方悟神珠，非從外得。

集解，衣喻五陰，珠喻藏性，由無明不覺，而乏妙用，故曰窮露，佛界如本國，九界如他方，求人天樂，取偏小益，猶乞食馳走，妄情暫失，真性本圓，猶雖貧而珠在，佛如智者，教如示珠，證理起用，則致大饒富也。

㊀戊 二答阿難再執緣起二，初疑問，二示答。

㊀己 今初

即時阿難，在大眾中，頂禮佛足，起立白佛，世尊現說

皎古了切

殺盜婬業，三緣斷故，三因不生，文句，由無殺盜婬之業，則無衆生，無衆生則無世界。如塞源者，先竭其流，如破竹者，先剖其尾，則心中之達多狂性自歇，歇即菩提，不從人得。斯則因緣皎然明白。似不可廢。云何如來，既說因緣，而復前令頓棄因緣，即且我卻從此因緣之法心得開悟。如見佛相好，發心為因，度令出家為緣，誤墮為因，垂救為緣，啓請為因，感開示為緣，開示為因，悟法身為緣，世尊此因緣入道之義，何獨我等年少有學聲聞，今此會中，如大目犍連、及舍利弗、須菩提等，皆從老梵志聞佛因緣，發心開悟，得成無漏，長水疏，老梵志者，並是年長從外道來，翻邪入正，得成無學，今日世尊說歇即菩提，不從劬勞修證因緣，則與王舍城中，拘舍梨等外道所說八萬劫後自然成第一義。

有何分則，惟垂大悲，開發迷悶。

貫珠。此章大意，躡佛諭而起難，為後學決疑，直令心悟實相，真見道也。阿難三番躡佛語，以執因緣正如矢在弦上，不得不發。最初執見精屬因緣，次執萬法屬因緣，此執證果屬因緣。意謂前者如來既擯棄因緣，今何亦假因緣，方云歇即菩提耶。不知世尊所說三緣斷故，三因不生者，乃示歇狂之方。正是非因緣，與前不異，說何藉劬勞肯綮修證者，乃顯菩提本有，不從人得，非外道斷滅為自然也。阿難錯會緣斷因不生，疑為證果之因緣，錯會

不藉修證，疑為自然，則圓悟自心，圓證法身，猶有
未明事在。
(巳)二示答二，初破疑，二誡勸
(庚)初中二，初即喻推破，二合法結顯。
(辛)初又二，初立二執，二破二執。(壬)今初
佛告阿難，汝之疑情，不過謂即如城中演若達多，狂性之發，由於
因緣，若得滅除，則不狂之性，自然而出。汝之所執因緣自
然，理窮如是。
文句，阿難本執上文法喻成難，今即以彼法喻而
答釋之，理窮如是者，言汝所執因緣自然之理，極

盡如此而已。下乃破其無實理也。

(壬)二破二執又二。初正破二執。二悟本俱非。

(癸)初又二。初約頭破。二約狂破。

(子)今初

夫頭非自然。非因緣。以喻真體非自然。非因緣也。先明頭非自然。故云阿難。設使演若達多。頭本自然。則本自其然。無然而非自矣。何得以照鏡因緣之故。怖失其頭。而狂走。耶。則頭非自然也。明矣。次明頭非因緣。故云若使自然之頭。實以因緣故狂。何不使此自然之頭。隨於因緣故失。今既本頭不失。而狂怖虛妄出生。其頭曾無變易。何藉於因緣耶。則頭非因緣也。明矣。可見真體之上。決無自然因緣之理也。

(子)二約狂破

夫狂非自然，非因緣，以喻妄亦非自然，非因緣，先明狂非自然，故云設使

本狂自然，是則本有狂怖矣，未狂之際，狂於何所潛耶，求其狂之自性，了不可得，則狂非自然也明矣，次明狂非因緣，故云設使不狂自然，則狂必藉因緣，今頭本無妄，何為狂走，則狂非因緣也，明矣，可見妄法之上，亦決無自然因緣之理也，夫真妄二處，求自然因緣之理，俱不可得，則其理不已窮乎，

㊀癸 二悟本俱非

若悟本頭，識知狂走因緣自然，俱為戲論，

文句，悟本頭者，知此頭不變隨緣，故有狂走，狂歇之不同，故非自然，知此頭隨緣不變，不因狂走，狂歇為有無，故非因緣，識知狂走者，知狂無體性，故

非自然知狂無來歷故非因緣也

㊁二合法結顯三初直結法二重簡非三正指是

㊂今初

是故我言三緣斷故即菩提心

文句此語超畧具足應云三緣斷故三因不生狂性自歇歇即菩提也夫言三緣斷故三因不生則有似因緣矣而復云即菩提心則喻如頭非外得豈因緣乎又即菩提心則有似自然矣而必以三緣斷故方為歇即菩提則喻如狂歇方悟本頭豈自然乎全性成修全修顯性此真無戲論法也

(壬)二重簡非

夫生滅情計未忘，還於無戲論法，而起戲論，故須重重簡拂之也。意謂我所言三緣斷故，即菩提心者，非謂有三緣可滅，有菩提始生也。若逐語生解，妄計有菩提心生，生滅心滅，此則但成生滅戲論矣。惟滅生俱盡，方為無功用道，方是無戲論法，而所謂無功用道，亦非自然也。若又計無功用為有自然，如是則又發明自然心生，生滅心滅，此亦但成生滅戲論矣。然此無生滅法，即是無戲論法，而亦非自然也。若又以無生滅者，名為自然，猶如世間諸相雜和成一體者，名和合性；非和合者，稱本然性。總是妄立對待名字，皆戲論耳。

(壬)三正指是

上文簡拂一切戲論已竟，今直示之曰：詎知本然之性，雖不變，而舉體隨緣故，非自然和合之相。雖隨緣而全體不變。故非和合。是故和合自然。二俱遠離。離之與合。亦復俱非。此句方名無戲論法耳。離者。非和合。非自然。雙遮句也。合者。亦和合。亦自然。雙照句也。遮照俱非。故云離合俱非。

㊉庚 二誡勸二。初誡徒聞無功。二勸真修有益。

㊉辛 今初

菩提涅槃。尚在遙遠。非汝歷劫辛勤修行。何能克證。文句問曰。前云何藉劬勞肯綮修證。此云非汝歷劫辛勤修證等。何相反耶。答曰。滿慈已盡諸漏。但紆疑悔。故疑悔一除。直下了當。阿難雖已開悟。習漏未除。欲證真智真斷。須修無漏勝業。然無漏業。亦只是不隨分別三種相續。所謂即以所悟真因。淨除現業而已。非別有法可修也。修即無修。故云歇即菩提。無修非是不修。故云不如一日修無漏業。所謂性修交成。性修不二。恰恰相成。安得相反耶。夫修則一念亦勝。一日亦勝。

何況歷劫不修則積劫多聞尚無實益故曰汝今雖復憶持十方如來十二部經清淨妙理如恒河沙之多祇益分別戲論汝雖談說因緣自然決定明了人間稱汝多聞第一以此積劫多聞熏習不能免離摩登伽難何須待我佛頂神咒摩登伽心婬火頓歇得阿那含於我法中成精進林愛河乾枯令汝解脫

大論十二部經一修多羅此云法本二祇夜此云重頌三和伽羅那此云授記四伽陀此云孤起五優陀羅此云無問自說六尼陀羅此云因緣七阿波陀那此云譬喻八伊帝目多伽此云本事九闍

陀伽。此云本生。十毘佛畧此云方廣。十一阿浮陀達磨。此云未曾有。十二優波提舍。此云論議。四依解。登伽婬女。一時聞咒。即登三果。欲界九品思惑俱盡。其遲速若此。總見咒力之妙也。精進林者。言速證勝多也。愛河者。言世間欲愛溺人。如瀑流難出也。乾枯者。謂登伽欲愛乾枯。阿難始得解脫也。

(辛)二勸真修有益

是故阿難。汝雖歷劫憶持如來秘密妙嚴(之語)。不如一日修無漏業。遠離世間憎愛二苦。如摩登伽。宿為婬女由神咒力銷其愛欲於我法中今名性比丘尼與羅睺母耶輸陀羅同悟宿因了知歷世因戀愛欲故貪愛為苦彼二人者皆以一念熏修無漏善故或得證三果而出纏或證四果而蒙授第一尊記如何汝乃自欺尚留觀聽

文句尚留觀聽者責其不能反見見自性反聞聞自性而猶逐妄緣也從初卷正宗分起至此是顯如來藏妙真如性圓三諦理一大科竟

(乙)二示不生滅為本修因妙三觀門有二初為當機示圓通本根二為末世示道場方法

(丙)初中二初歎領述請二宣示法義

(丁)今初

阿難及諸大眾，聞佛示誨，疑惑銷除。蓋因緣自然名言習氣，已簡拂故。心悟實相。言法身真解倍增明故。身意輕安。言能伏麤重障故所以自生慶幸。得未曾有也。重復悲淚。言由大事已明悲向來之唐喪故。頂禮佛足，長跪合掌，而白佛言：無上大悲。道超諸聖曰無上，拔一切苦曰大悲。清淨寶王。以佛證無垢淨智，利樂有情，如摩尼寶，隨意出生，利用無盡，得法自在，故稱為王。善開我心，能以如是種種因緣，方便提撕，獎勸引諸沈冥之眾生，出於苦海。世尊，我今雖承如是法音，知如來藏妙覺明心，徧十方界，含育如來十方國土清淨寶嚴妙覺王剎。含育猶上文所謂含吐，以十方依正，皆是妙心中物，故名為含，皆即妙心所現，故名為育。如來復責多聞無功，不逮一日修習。我今猶如旅泊之人。岸宿曰旅。水宿曰泊。忽蒙天王喻如來法王也。賜與華屋。喻如來所證三德秘藏。三德秘藏。雖吾故宅。迷久不知。知由佛示。義如佛賜也。雖獲大宅。要因門入。門者。行為理門。即所謂妙奢摩他。三摩禪那。上文開圓頓解。已知最初方便。今直請入華屋之方便門也。惟願如來。不捨大悲。示我在會諸蒙暗者。捐捨小乘。畢獲如來無餘涅槃。圓極之果。顯非二乘所證無餘涅槃也。本發心路。圓行之因也。令有學者。從何方便攝伏疇昔攀緣。得陀羅尼。入佛知見。以一心三觀大總持門。入一心三智妙覺佛位也。作是語已。五體投地。在會一心。佇佛慈旨。

㊀丁 二宣示法義二。初經家叙意二如來正說。

㊀戊 今初

爾時世尊。哀愍會中。緣覺聲聞。於菩提心。未自在者。及為當來佛滅度後末法眾生。發菩提心者。開無上乘妙修行路。宣示阿難。及諸大眾。

文句。攀緣未伏。故雖悟菩提。而未得自在。今乃示以攝伏攀緣之正行也。此行通於現在滅後。無不依此而證菩提。

(戊) 二如來正說二。初總示因心。二別顯修證。

(己) 初中二。初正明二義。二決通疑滯。

(庚) 初又二。初總徵。二別釋。(辛) 今初

汝等決定發菩提心。於佛如來妙三摩提。不生疲倦。

應當先明發覺初心。二決定義云何初心。二義決定。文句。妙三摩提者。即大佛頂首楞嚴王三昧。全性起修。全修在性。故名為妙。修德有功。性德方顯。故須不生疲倦。從本覺而發始覺。故名發覺初心。決者。決擇。定者。一定此等一定不易之理。初發心時。急須決擇。否則不入修行正定聚中。是則義雖本定。要由決擇方知。故名決定義也。

(辛)二別釋二。初應審觀因地發心。二應審詳煩惱根本。

(壬)初中二。初總勸審觀。二正示審觀。

(癸)今初

照義亦審觀

阿難。第一義者。汝等若欲捐捨聲聞。修菩薩乘。入佛知見。應當審觀因地發心。與果地覺。為同為異。阿難。若於因地。以生滅心。為本修因。而求佛乘。不生不滅。無有是處。

文句此正顯示因心須同果覺。則因真果正。故必須以不生不滅為本修因也。然不生不滅之性。全在生滅之中。如虛空全在器世間中。清水全在濁水之中。故須審觀而決擇之。

(癸)二正示審觀二。初立喻。二示法。

(子)今初

以是義故。汝當照明諸器世間。可作之法。皆從變滅。

阿難汝觀世間可作之法誰為不壞然終不聞爛壞虛空何以故空非可作由是始終無壞滅故

文句此借器世間法以喻眾生世間法也以器世間一切可作之法喻眾生身中根塵諸法以器世間虛空喻眾生根塵識等本然之性

(子)二示法二初簡妄生滅相合可作瑜二依無生滅性合虛空喻

(丑)初中二初指妄總標二約義別釋 (寅)今初

則汝身中堅相為地潤濕為水煖觸為火動搖為風由此四種纏縛分汝湛圓妙覺明心為視為聽為覺

為察從始入終，五疊渾濁。
文句，身中四大及視聽覺察，喻如可作之法，湛圓妙覺明心，喻如虛空，由此四纏，分為視聽等者，正前文所謂所妄既立，明理不踰也，夫以四纏分隔妙心，猶之以器世間，分隔虛空也，四纏變壞，而妙心終不可壞，猶之器世間可壞，而虛空不可壞也，然器世間總不在虛空之外，則知四纏亦總不在妙心之外矣，若知空性本無分隔，分隔全是虛妄，則不唯四纏可壞，而視聽覺察亦可壞矣，若知性色真空，性空真色等義，則不惟視聽覺察之性，即是湛圓妙覺明心，而不可壞，即身中四纏之性，亦即是湛圓妙覺明心，而不可壞矣，是故十八界相，皆可作法，皆從變壞，十八界性，皆如虛空，皆不可壞也，從始入終，五疊渾濁者，約無始生相無明，假名為始，約妙覺究竟斷德，假名為終，妙覺以前，一分生相無明未斷，則一分微細五濁之相亦未全除故也，蓋本是湛圓妙覺明心，妄為相見二分，相分名為色法，見分名為心法，色法即是色陰，而離心無色，心法即是受想行識，而離色無心，是故心色二法，泱不相離，則從無始以來，乃至妙覺以前，念念之間無不具足五疊渾濁也。

(寅)二約義別釋二。初通示濁義二別解濁名。

(卯)今初

云何為濁。阿難。譬如清水。清潔本然。即彼塵土。灰沙之倫。本質留礙。（而成濁體。清濁）二體法爾。（如然。）性不相循。有世間人。取彼土塵投於淨水。土（性本屬留礙。入於水。既）失留礙（之質）水（性本來清潔。渾以土。復）亡清潔（之體。二者渾雜）容貌汨（古忽切亂也）然名之為濁。汝濁五重。亦復如是。

文句。前示生滅不生滅性。故借虛空與羣器為喻。今示清淨及渾濁相。故借水土為喻。應知佛界法性五陰喻如清水九界虛妄五陰喻如塵土灰沙相雜也然於一妙心中具有相見二分喻如一太虛中具有水土二物若達性水真空性空真水性土真空性空真土則不必滅於水土而後顯太虛空若達此見及緣元是菩提妙淨明體則不必滅於相見二分而後顯一妙心惟其不達相見即是妙心故取妄相投於妄見遂成五陰渾濁猶如不達水土即是空性故取妄土投於妄水遂成汩然容貌也

(卯)二別解濁名五初劫濁至五命濁

(辰)今初

相織者，如經緯密織，不可分也。

摶 度官切



此直指九界色陰為劫濁也。阿難，汝見虛空徧十方界，而空之與見不可分，其邊畔，喻如水土相和也。見字攝於聞覺知等，即是自心見分，喻如清水；虛空攝於四大六塵，即是自心相分，喻如塵土灰沙。設但有空無見，則空亦無體；設但有見無空，則見亦無覺。今以虛妄相見二分，相織妄成，十方三世種種分位不同，遂於真如實際之中，而有實報、方便、同居三土差別，是第一重，名為劫濁。以相最麤而易見故也。

㊁二見濁

此直指九界受陰為見濁也。言汝身現摶取四大為體，且指同居分段之身而言。須知方便實報法性之身，雖無麤重四大，亦有微妙色法，亦得稱為界外四大也。見聞覺知，性本虛通，今則壅令留礙，喻如水亡清潔。水火風土，本無情覺，今則旋令覺知，喻如土失留礙。因此虛妄相見二分，相織妄成，六受用根領納前塵，遂於非我非無我性，

而有同居我見方便無我見實報亦我亦無我見是第二重名為見濁以其相易知故也

## 辰 三煩惱濁

此直指九界想陰為煩惱濁也言又汝心中憶過去事識現在事誦習未來諸事性中既發能取之知見容貌隨現所取之六塵離塵則知見無相離覺則六塵無性塵是相分覺是見分亦因此虛妄見相二分相織妄成種種想心起同居五中憎愛名為見思煩惱起方便五中憎愛名為塵沙煩惱起實報五中憎愛名為無明煩惱是第三重名煩惱濁以其比前二相為融通故也

## 辰 四眾生濁

此直指九界行陰為眾生濁也言又汝朝夕生滅不停同居分段生死方便實報

變易生死。無不爾也。知見每欲留於世間。凡夫貪戀三界二乘沈滯空寂。菩薩樂著果報也。業運每常遷於國土。凡夫被善惡業遷。二乘被無漏業遷。菩薩被二邊業遷也。此以知見喻水。業運喻土。相織妄成九界二死。是第四重名眾生濁。以其比前為幽隱故也。

(辰)五命濁

此直指九界識陰為命濁也。言汝等見聞元無異性。譬如空無內外。亦如水本清潔也。由於眾塵隔越。遂令無狀異生。譬如取頻伽瓶。塞其兩孔。遂令內外相隔。亦如土塵投水。亡其清潔也。是故性中則仍相知。如耳根聞法。身欽口問。不可謂六根是異。而用中則咸相背。如耳不見色。目不聞聲。不可謂六根是同。同異皆失其準。亦祇由見聞之見分。與眾塵之相分。相織妄成九界識心。遂有各各報受軀命不同。是第五

滅生　猶言生滅也

麤惑　指見思麤惑也

重名為命濁。以極微細故也

㊀丑 二依無生滅性合虛空喻二。初棄濁就清。二以喻合法。

㊀寅 今初

夫十八界相。無非濁水。十八界性。皆如來藏。無非濁水中清水之性。今欲令阿難就耳門修證。故獨指見聞覺知之性為濁水中清水性也。

阿難。汝今欲令現前日用之見聞覺知。即遠契於如來果地之常樂我淨。則於名字位中應當先擇去其五重相識之生死根本。依取本不生滅本圓本湛之性。以成觀行之功。即以此本湛之性。旋其虛妄滅生。使麤惑任運先落。而復還元覺。得元明覺無生滅性。以為圓初住位真因地心。然後圓成果地修證。極至妙覺。是則名為因心果覺。始終理同矣。此中見聞覺知不生滅圓湛性。合

為 被也

前虛空不句爛壞之喻五重相織生死根本偏指虛妄十八界相合前可作法之喻也

## 寅二以喻合法

**如澄濁水貯於靜器**前既以投土於水而喻濁相故今邊以澄濁得清而喻修證之相也**靜深不動**即喻本不生滅圓湛之性如澄濁水須貯靜器欲破五陰須觀陰入處界本如來藏也**沙土自沈**喻觀行力深也**清水現前**喻相見二分不復相織圓伏五住煩惱而麤垢任運先落也**名為初伏客塵煩惱**喻真諦理明亦復相似見三諦理也**去泥純水**正明斷界內見思伏界外無明也**名為永斷根本無明**喻斷界外別惑從圓初住分斷乃至妙覺究竟斷盡故曰**明相精純**也若至**一切變現**則成佛界無上法性五陰雖復同流九界**不為煩惱**若善若惡若無記乃至有漏無漏諸五陰法而皆是巧用性惡法門不被惡法所用故云所用也了知性惡即是性善全用即體十界無非常樂我

合即也



淨，故云**皆合涅槃清淨妙德**也，益佛法界，具有權實法性五陰，實五陰者，即佛界真善妙色，乃至菴摩羅識等，權五陰者，即示同九界色受想行識也，若實若權，皆清非濁，實則名為明相精純，權則名為一切變現，此則喻如了達性水真空性空真水，縱令騰波鼓浪，乃至現濁現清，別現作地水火風等，而水性終無奪矣，故至此直以濁相可澄合上作法可壞，而以明相精純合上虛空不壞，良由第三卷中，已明空水皆性皆真故也，又復應知吾人現前見聞覺知，全體是妄，亦全體是真，緣見因明妄也，不動，不遷，不還，不見等，真也，如泥與水，和在一處，先須識此濁水之中有清水性，然後方便去濁就清，固不得捨濁水而別覓清水，尤不得認濁水而以為清水也。

㊀壬 二應審詳煩惱根本二，初總勸審詳，二正示審詳，㊀癸 今初

**第二義者，汝等必欲發菩提心，於菩薩乘生大勇猛，**

道眼諸有為相即根塵識可作之法也

決定棄捐諸有為相應當審詳煩惱根本。蓋此煩惱從無始來發業無明即是業因。潤生無明即是業緣此二通於界內界外總名煩惱汝觀此發業是誰作主張潤生是誰受苦果此正是審詳煩惱根本意顯作亦六根受亦六根除卻現前六根更無煩惱根本故須拔脫其黏也。阿難汝修菩提若不審觀煩惱根本則不能知虛妄根塵。從何處而生顛倒。顛倒起處尚且不知。云何降伏取如來位。

文句前第一義中所言五濁是明全真起妄必須棄妄而復真今第二義中所言六根意明全妄含真必須悟真而融妄也。

㊀癸 二正示審詳二、初立喻、二示法。

㊀子 今初

阿難，汝觀世間解結之人，不見所結，云何知解，不聞虛空被汝隳裂，何以故，空無形相，無結解故。

文句，此以結喻根塵識妄黏之相，而以虛空喻根塵識本藏性也。

(子)二示法二，初委示顛倒處所，合所結喻，二正勸詳擇降伏，合知解喻。

(丑)初中二，初總示結根，二別示結相　(寅)今初

則汝現前眼耳鼻舌，及與身心，六根為外六塵賊之媒，反自劫其家寶，由此無始以來，六凡眾生世界，生纏縛故，於同居器世間，不能超越，乃至二乘眾生世界，生纏縛故，於方便世間，不能超越菩

薩眾生世界生纏縛故，於果報切間，不能超越也。下文云，何況此中生住異滅分劑頭數，此中者，仍指六根之中，生住異滅分劑頭數者，即指無明別惑，故知六根結相，通於九界，直至妙覺，方能解盡，同於虛空不可隳裂耳。問曰，舊以六識為賊，今何指為六塵，答曰，惟其六塵為賊，故云眼被色劫，耳被聲劫等，又名此六塵以為六衰，言其能為衰害也，總而言之，迷則六根為內賊，六塵為外賊，六識為內外賊，以互相為媒故，若不相黏，則一一皆良民矣。

(寅) 二別示結相二，初約眾生世界以明妄數，二約世界妄數以歷六根。

(卯) 今初

阿難，云何名為眾生世界，世為遷流，界為方位，汝今當知，東西南北，東南西南東北西北，上下為界，過去未來現在為世，方位有十，流數有三，一切眾生，織妄會解上下無位者指著上下皆是四方之上下也除此別無上下故曰無位中無定方者謂四隅之中也隅以兩方交接而得名既一隅而屬兩方故曰無定方也

相成身中貿遷世界相涉而此界性設雖十方定位可明世間祇目東西南北上下無位中無定方四數必明與世相涉三四四三宛轉十二流變三疊一十百千

文句所言眾生世界者只此現前身中所有遷流即名為世所有方位即名為界方位有十流數有三眾生無始以來織妄相成於一身中貿易遷流遂令世界互相涉入以此定位之四方涉彼遷流之三世三世各有四方總成十二四方各有三世亦成十二故名宛轉十二也一身而成十二即是

流變一疊而為十二十二之中，必各具十，即是流變二疊為百二十，百二十中，又各具十，即是流變三疊為千二百，今言一十百千，舉大數耳。

(卯)二約世界妄數以歷六根二，初明性本圓融，二明用分優劣。(辰)今初

總括始終，六根之中，各各功德，有千二百

文句，一疊十二，名數之始，百二十疊為千二百，名數之終，此雖一身總數，而六根亦復各得其全，譬如六人同觀一月，各得月之全體，此在妄恆真之性，法爾如斯者也。

(辰)二明用分優劣。但約此方眾生沈迷顛倒用中相背。故於本無優劣性中。而妄成優劣相也。文分為二。初總明。二別示。(巳)今初

阿難。汝復於中克定優劣。

(巳)二別示六。初明眼根相。至六明意根相

(午)今初

如眼觀見後暗前明。前方全明。後方全暗。左右旁觀三分之二。統論所作。功德不全。三分言功。一分無德。當知眼唯八百功德。

文句。四方各二百。四隅各一百。共千二百。前方全

明指正方及二隅共四百也後方全暗亦指正方并二隅四百也左右旁觀句言左右正方各二百亦皆見也三分之二句總算見八百而不見四百也三分言功者性本具也一分無德者用偏局也

㊀二明耳根相

如耳周聽十方無遺動（時聲入）若邇（若）遙（皆得聞之）靜（時聲寂則）無邊際當知耳根圓滿一千二百功德

文句言聞動之時似有邇遙此特循業發現之妄情聞靜之時元無邊際此乃在妄恒真之體性也

㊀三明鼻根相

如鼻齅聞通出入息有出有入而闕中交驗於鼻根三分闕一當知鼻唯八百功德

文句出則取香入則聞香兩停之際則無功能故云三分闕一

㊀四明舌根相

如舌宣揚盡諸世閒出世閒智言有方分理無窮盡當知舌根圓滿一千二百功德

文句舌有二用一者知味二者言譚若約知味其功則劣今約言譚其功則勝幽溪云但舉宣揚顯舌之功能非謂不宣時便不具德也言有方分者

世出世法不同故。理無窮盡者。麤言細語皆第一
義故。

(午)五明身根相

如身覺觸識於違順合時能覺離中不知。離一合雙。
驗於身根三分闕一。當知身唯八百功德。
文句。離時一總不知。故為一。合時兼識違順。故為
雙也。

(午)六明意根相

如意默容十方三世。一切世間出世間法。唯聖與凡。
無不包容。盡其涯際。當知意根圓滿一千二百功德。

文句。諸法所生。唯心所現。現前一念介爾之心。本自豎窮橫偏。縱令昏迷倒惑。其體無變。故曰默容一切諸法。

(丑)二正勸詳擇降伏合 知解喻二。初勸簡畧明二因疑廣示。(寅)今初

夫六根優劣不同。可謂全體虛妄。而仍各具豎窮橫偏功德。則又全妄含真。故須從此返妄歸真。而以真融妄也。故呼阿難而告之曰。汝今欲逆生死欲流者。蓋通指二種生死皆因於法有所取者。總名欲流。應當返窮流根至不生滅。言追斷生滅根元。以契無生滅性也。當驗此等虛妄六受用根。誰合於性。誰離於性。誰合而深。誰離而淺。誰合且深。而為圓通。誰離且淺。而不圓滿。若能於此悟圓

逆彼 指下文六根生起之相也。

六湛。融室云，六根本由黏湛發妄而成，故曰六湛。

溫陵曰，得圓自在慧，則十八界無非圓通。

通根，逆彼無始織妄業流，得循圓通，與不圓根，功用遲速。日劫相倍。孤山云，佛意令依耳根修證，一日之功，倍餘根一劫。我今備顯六湛圓明本所功德數量，如是隨汝詳擇，其可入者，吾當發明，令汝增進。十方如來，於十八界一一修行，皆得圓滿無上菩提，於其中間，亦無優劣。可擇 但汝下劣，未能於中得圓自在慧，故我為汝宣揚，令汝但於一門深入，入一無妄，則彼六知之根，一時清淨。

(寅) 二因疑廣示二，初疑請，二廣示。

(卯) 今初

阿難白佛言：世尊，云何逆流深入一門，能令六根一時清淨。

文句。意謂根既有六。云何止須一門深入。此躡近文而起疑也。

(卯)二廣示二。初約研破總示。二約行相別示。

(辰)初中三。初就法研破。二借喻顯理。三以法合喻。

(巳)今初

佛告阿難。如汝今者。已得須陀洹果。已滅三界眾生世間見道所斷之惑。然猶未知根中積生無始虛妄習氣。彼之習氣。要因修之道所斷得。何況此中生住異滅分齊頭數。今汝且觀現前六根為一為六。阿難。若言一者。耳何不見目。何不聞頭。奚不履足。奚無語。其非一也。明矣。若此六根決定成六。便句彼此不隨。如我今者。會中與汝宣揚微妙法門。汝之六根誰來領受。我之法音。阿難言。我用耳聞。佛言。既云是六則汝耳自聞何關身口。何故耳自聞聲。而口隨來問義身起欽承。彼此相隨而非六也。明矣。是故應知非一則終是六。非六則終是一。終不可計汝之六根元一元六。阿難當知是根。其實非一非六。由汝無始以來顛倒淪替。故於圓湛性中。妄有一六義生。汝須陀洹。雖得六塵銷滅。猶未亡一。

文句。須陀洹。此云入流。初果之名。積生無始虛習。指思惑也。此中者。指六根之中也。生住異滅分齊雲棲曰，經云，元依一精明，分成六和合，茲乃已銷六和合，卻守一精明也。

形異，猶言異形。

頭數者，指無明別惑也。言分齊頭數者，謂初住以上至於妙覺四十二品也。得六銷者不入色聲香味觸法故，未亡一者，未知根結之元故，由未亡一，故仍於根結，作定六之見，不信一門深入，六根同淨之法也

㊁ 二借喻顯理

如太虛空，參合羣器，由器而有形異，名之異空，除器觀空，說空為一，彼太虛空，云何為汝成同不同，何況更名是一非一。

文句，太虛空，以喻真性，羣器，以喻六塵，由器形異，名之異空者，以喻由彼虛妄六塵，分圓湛性，而為

視聽覺察之不同，即上文所謂一六義生，亦下文所謂從真起妄，六用偏局也，除器觀空，說空為一，以喻六銷，末亡一也，彼太虛空等者，以喻上文非一非六，亦喻下文六根互用，無上知覺覺明圓妙也。

㊁三以法合喻

則汝了知六受用根，亦復如是。

文句，浮根四塵，如器，根中之性，如器中空，非六非一也。

㊅二約行相別示二，初明從真起妄六用偏局，二

黏女廉切。膠黏也。

明返妄歸真六根互用。

巳初中二。初別示生起之由。二總結偏局之相。

午初中六。初示眼根結相。至六示意根結相。

未今初

此正顯云所結之相。令人知所解也。葢自妄為明覺。因明立所。法爾便有明暗等二種相形。由此明暗等二種相形。於妙圓性中。黏彼明湛而發見精。見精映於明暗等色。結色成勝義根。為浮根之元。故目勝義為清淨四大。此惟天眼能見。肉眼所不能見。因名此勝義眼體。如蒲萄朵。既有勝義根。便有浮塵眼根。而此浮塵眼根。亦用能所八法為體。今言四塵。但舉所造之色香味觸也。而見精托根常流逸奔色。是謂迷真成妄。故有眼根也。此中明暗。即是自心相分。湛即是自心卷。正韻，古轉切，卷上聲，舒卷也。

見分黏字，映字，正與前文相織妄成織字義同，所以舉根必具塵識，舉塵必具根識，舉識必具根塵，而一一法中，皆有五疊渾濁也。

(未)二示耳根結相

由動靜等二種相擊，於妙圓中，黏湛發聽，聽精映聲，卷聲成根，根元目為清淨四大，因名耳體，如新卷葉，浮根四塵，流逸奔聲。

文句，妄為明覺，即是無明初動之相，乃至相待生搖，堅明立礙，名為動靜二種相擊，亦即自心之相分也，餘例前釋可知。

(未)三示鼻根結相

絞。古巧切。縛也
偃。韻會。於幰切。偃月。貫珠偃是缺也。

由通塞等。二種相發。於妙圓中。黏湛發齅。齅精映香。納香成根。根元目為清淨四大。因名鼻體。如雙垂爪。浮根四塵。流逸奔香。
文句。晦昧為空。便有通相。結暗為色。便有塞相。故名二種相發。亦自心之相分也。

㊍四示舌根結相

由恬變等。二種相參。於妙圓中。黏湛發嘗。嘗精映味。絞味成根。根元目為清淨四大。因名舌體。如初偃月。浮根四塵。流逸奔味。
文句。爛然成異。便有變相。因異立同。便有恬相。恬腰鼓顙，貫珠即細腰鼓，俗名杖鼓，顙腰也，兩頭大，中腰細，頭顱名顙，身形如之，摩頂至踵六尺之軀，中腰亦細，故取喻之。

者，淡也，非甘也，此二種相參，亦是自心相分。

(夫) 五示身根結相

由離合等，二種相摩，於妙圓中，黏湛發覺，覺精映觸，摶觸成根，根元目為清淨四大，因名身體，如腰鼓顙，浮根四塵，流逸奔觸。

文句，既有能所，便有合離，此二相摩，亦是自心相分。

(未) 六示意根結相

由生滅等，二種相續，於妙圓中，黏湛發知，知精映法，攬法成根，根元目為清淨四大，因名意思，如幽室見，

浮根四塵、流逸奔法、

文句、無明初動、既非生、妄見有生、諸法變遷、亦非滅、妄稱為滅、此二相續、亦是自心相分、如幽室見者、眾生所計六塵緣影、為自心相也、浮根四塵、約肉團心而言、

(午)二總結偏局之相

阿難、如是六根、虛妄結相、別無他因、秖由彼覺明真性、有妄明之明覺、遂失彼精了、之體、黏彼妄塵、以發妄光、假名為視、為聽為覺、為察也、前云黏湛、約所黏能、今云黏妄、約能黏所、能所雖殊、虛妄則一、是以汝今離暗離明、無有見體、離動離靜、元無聽質、無通無塞、嗅性不

生非變非恬，嘗無所出，不離不合，覺觸本無，無滅無生，了知安寄。（意顯因於迷妄，故成偏局，與前文聽不出聲，見不超色義同，非謂六根一總無性也。）

(巳) 二明返妄歸真六根互用二，初明返妄圓拔，二明歸真互用。返妄如除器，互用如太空也。

(午) 今初

汝（今若欲返妄歸真）但不循動靜、合離、恬變、通塞、生滅、明暗，如是十二諸有為相，隨拔一根，（若使一根）脫黏內伏，（根塵不偶，則熟處漸生，生處漸熟，合然）伏歸元真，（則）發本（有之光）明耀，（但得）耀性發明，（則）諸餘五黏，（皆）應拔（而）圓脫。

文句不循二字即是下手親切工夫猶上文不隨分別之不隨二字二卷中遠離諸和合緣及不和合之遠離二字亦猶下文棄生滅之棄字知見無見之無字不取無非幻之不取二字乃至旋流獲無妄之旋字也一脫一切脫未有耳既不黏動靜而餘根尚黏合離等者乎故名圓脫但初拔時須向一根下手耳

㊀午 二明歸真互用二初證互用之相二明互用所以

㊀未 今初

不由前塵所起知見則本明不循六根不過寄六根而明

發由是六根遂能互相為用。阿難。汝豈不知。今此會中。阿那律陀無目而見。跋難陀龍無耳而聽。殑伽神女非鼻聞香。驕梵鉢提異舌知味。舜若多神無身覺觸。彼空神嘗以無身為苦。佛因為放光。故於如來光中。映令暫現。既為風質。其體元無。諸滅盡定得寂聲聞。如此會中摩訶迦葉。久滅意根。圓明了知。不因心念。

文句。跋難陀此云賢喜。殑伽河名。驕梵鉢提此云牛呞。異舌者。不與尋常舌根同也。久滅意根者。斷盡俱生我執。無復如幽室見之相可得也。歷引諸證。雖或是業果。或由得道。其為明不循根則一而已。
合論如蛇以眼聽，不必疑跋難陀龍也。如蛟無目
而能行，水母得鰕乃能行，不必疑阿那律陀也。如
螻蟻以身為鼻，不必疑殑伽神女也。蜂以腹為舌，
不必疑驕梵鉢提也。如風無形，物拒之則怒，不必
疑舜若多神也。嗚呼，衆生爭於口舌鼻耳數寸之
間，自以色香味觸為異，可不哀哉。
(未)二示互用所以又三，初示妄體本真，二指現量
為證，三示以修顯性。(申)今初
阿難，今汝諸根若圓拔已，內瑩發光，如是浮塵及器

世間諸變化相。如湯銷冰。應念化成無上知覺。

文句。浮塵諸變化相。本即無上知覺所謂此見及緣。元是菩提妙淨明體也。隨無明染緣。如水成冰。用智慧淨緣。如冰化水。而云湯消冰者。湯之與冰。同一水性。但智慧火能融無明堅執。喻之以湯。此約修德。顯示翻迷歸悟。故名曰化。若約性德。無減無增。更非二物。則曰煩惱即菩提。生死即涅槃矣。

㊂二指現量為證

阿難。如彼世人。聚見於眼。若令急合。則暗相現前。六根黯然。頭足相類。彼人以手循體外繞。彼雖不見。頭足一辨。知覺是同。

文句。上雖拈示六根互用。若事若理。皆已彰明。猶恐執迷之人。謂是由修所成。不關性具。故更舉世人現量為證也。世人所有妄見。僅僅聚在眼根。設令急合。暗相現前。則他人雖在其前。六根黯然。頭足相類。然使彼合眼人。以手循他人體外繞一匝。則眼雖不見。而頭足一辨。知覺是同。集解。言暗中知覺。與明中所見不殊也。豈非明不循根之證乎。古人有以夜中摸著枕子。為大悲千手眼者。亦是此意。

(申) 三示以修顯性

緣見因明。暗成無見。不明自發。則諸暗相。永不能昏。根塵既銷。云何覺明。不成圓妙。

文句。承上指示衆生知覺之性。本不藉於眼根。但彼一向緣塵之見。因於明相。故暗時便成無見。若能稱性起修。發本明曜。使曜性不藉明緣。而能自發。則諸暗相永不能昏。由是根塵之妄既銷。云何覺明本性不成圓妙極果乎。正明二義竟。

(庚)二決通疑滯二。初明因果俱常決通初義。二明結解無二決通次義。

(辛)初中二。初疑問。二示答。(壬)今初阿難白佛言。世尊。如佛說言。因地發覺初心。欲求常住。要與果位名目相應。蓋因地無有生滅。而後果位方得無生滅也。世尊。如果位中。智德無二障名為菩提。斷德無二死名為涅槃。不妄名真。不異名如。不壞不變名為佛性。分別一切而無染著名菴摩羅識。惟一真心更非他物名空如來藏。洞照萬法而無分別名大圓鏡智。是七種名。稱謂雖有差別。其清淨圓滿。體性堅凝。如金剛王。常住不壞。未始少異也。若此見聽離於明暗動靜通塞。畢竟無體。猶如初卷中所徵念心。離於前塵。本無所有。云何將此畢竟斷滅之六根。以為修因。欲獲如來七種常住不生不滅之果乎。世尊。若離明暗。見畢竟空。如無前塵。念自性滅。進退循環，微細推求，言往復推求，非止一度也，若離前塵，本無我心，及我心所將誰者立因求無上覺，且如來先說見性湛則澄清不動，精則靈明不昧，圓則充滿法界，常則自體不滅，四依解，此引佛前借見性顯示圓常，證今說離塵無體，前後自語相違，故云違越誠言，終成戲論，云何如來真實語者，唯垂大慈，開我等蒙昧執悋之迷，

㊀二示答三，初斥迷許說，二指事除疑，三會通結示。

㊁今初

佛告阿難，汝學多聞，未盡諸漏，心中徒知顛倒所因，真倒現前，實未能識。

圓通疏，緣塵而有分別，是為顛倒所因，離塵而有

知見.即是真常.反謂之無常.是為真倒現前.阿難未盡諸漏之多聞徒.知乎彼.而不知乎此也.文句.但知六根全體是妄.不知全妄之中真性不滅也.

㊀癸 二指事除疑又二.初詰根塵顯迷倒二.就聞性示因常.㊀子 今初

恐汝所執誠心.猶未信伏.吾今試將世間塵俗易明諸事.為汝發明.當除汝疑.蓋假聲塵生滅.驗聞性真常.為耳根圓通之發案.即時如來勅羅睺羅擊鐘一聲.問阿難言.汝今聞不.阿難大眾.俱言我聞.鐘歇無聲.佛又問言.汝今聞不.阿難大眾俱

言不聞。時羅睺羅又擊一聲。佛又問言。汝今聞不。阿難大衆又言俱聞。佛問阿難。汝云何聞。云何不聞。阿難大衆俱白佛言。鐘聲若擊。則我得聞。擊久聲銷。韻曲之音。震動之響雙絕。則名無聞。此驗明聞。如來又勅羅睺擊鐘。問阿難言。爾今聲不。阿難大衆俱言有聲。少選。猶言少時聲銷。佛又問言。爾今聲不。阿難大衆答言無聲。有頃。猶言頃刻羅睺更來撞鐘。佛又問言。爾今聲不。阿難大衆俱言有聲。佛問阿難。汝云何聲。云何無聲。阿難大衆俱白佛言。鐘聲若擊。則名有聲。擊久聲銷。音響雙絕。則名無聲。此驗明聲。佛語阿難及諸大衆。汝今云何自語矯亂。大衆阿難俱時問佛。我今云何名為矯亂。佛言我問汝聞。汝則言聞。又問汝聲。汝則言聲。惟聞與聲。報答無定。如是云何不名矯亂

通議此乃世尊巧示真常也。阿難因疑此心離塵無體。將為斷滅。世尊試將俗事以驗。令其除疑。故令羅睺羅擊鐘以驗。初擊鐘時問曰聞否。意在驗聞性也。如來又勅羅睺羅擊鐘。乃問聲否。是約聲塵以驗也。先已報言無聞矣。次又擊時。再問而報有聲。若聞性果無。則隨時已滅。不應又聞此聲矣。故責之曰。報答無定。

文句初答無聞為非次答無聲為是

㊀二就聞性示因常

阿難聲銷無響之時汝便妄說無聞若實無聞則聞性自滅同於枯木鐘聲更擊汝云何知當知知有知無自是聲塵之或無或有耳豈彼聞性為汝有無哉設使聞實云無則誰為知無者是故阿難聲塵於聞性中自有生滅非為汝聞此聲之生聞此聲之滅而令汝聞性便為有為無也汝尚顛倒惑生滅之聲為無生滅之聞何怪昏迷以聞性真常為離塵斷滅耶終不應言離諸動靜閉塞開通說聞畢竟無性且如世間重睡之人眠熟牀枕其家有

擣、韻會、覩老切、築也、舂也、

練、正韻、郎甸切、釋名、練繒也、

舂、正韻、書容切、說文擣粟也、

人於彼睡時、擣練舂米、其人夢中、聞舂擣聲、別作他物、或為擊鼓、或為撞鐘、即於夢時、自怪其鐘為木石響、於時忽寤、遄（市緣切音篅速也）知杵音、自告家人、我正夢時、惑此舂音、將為鼓響、阿難、是人夢中、豈憶（聲塵之）靜搖、（耳根之）開閉通塞、（但）其形雖寐、（而）聞性（決定）不昏、（以此為證、則知）縱汝形銷、命光遷謝、此性云何為汝銷滅、

文句、此正就虛妄根塵中、點出不生滅性、以為真正修因也、正取能聞舂擣之性、不取惑為鐘鼓之情、以惑為鐘鼓、是獨頭意識顛倒相也、

(癸)三會通結示又二、初明迷故常即無常、二明悟

故無常即常。(子)今初

以諸眾生，從無始來，循諸色聲，逐念流轉，曾不開悟，性淨妙常，不循所常，逐諸生滅，由是生生雜染流轉。

四依解此以生滅不生滅對顯，巧示性淨妙常也。循諸色聲二句，隨六塵流轉也，曾不開悟二句，不知湛精圓常也，不循所常二句，牒上迷真逐妄之惑，故有業報輪迴之苦，雜染者，惑業苦不相離故也。

(子)二明悟故無常即常

若棄生滅，守於真常，常光現前，根塵識心，應時銷落想相為塵。即法塵也。指根塵識心應時銷落之三諦境也。識情為垢。即意識也。指常光現前之三觀心也。果能境觀二俱遠離。則汝之肉眼天眼慧眼。法眼。佛眼。應時清明。云何不成無上知覺。

文句。棄生滅者。棄其於真常中。妄見生滅之情見也。守真常者。守其即生滅中。本自真常之性體也。想相為塵。元無實塵。識情為垢。元無實垢。今能了達。則當下遠離。而法眼自清明矣。

大佛頂如來密因修證了義諸菩薩萬行首楞嚴經易知錄卷第四終

香港覺明淨緣居士共助刻印洋四佰元正

大佛頂如來密因修證了義諸菩薩萬行首楞嚴經

易知錄卷第五

南嶽祝聖沙門釋默庵治定

(辛)二明結解無二決通次義二。初正明結解無二

二兼顯六解一

(壬)初中二。初疑請二開示。(癸)今初

阿難白佛言。世尊。如來雖說第二義門。今觀世間解結之人。若不知其所結之元。我信是人終不能解。世尊。我及會中有學聲聞。亦復如是。從無始際與諸無明。長水疏。謂全界無明也。總攝一切一障見思。故名為諸。始自迷真。隨逐有情。生滅不離。故上文云和

合妄生和合妄死故云俱滅俱生。雖得如是多聞善根。名為出家。猶隔日瘧。惟願大慈哀愍淪溺。開示我等今日身心云何是結。從何處下手名之為解。亦令未來苦難眾生。得免輪迴。不落欲色無色之三有。作是語已。普及大眾。五體投地。雨淚翹誠。翹者。如鳥張翼而望哺。誠。恪之至也。佇佛如來。無上開示。

文句。上文所示六根生起之由。不惟結相宛然。亦且結元斯在。但由阿難俱生惑覆。不達六根即是結元。故重致此請也。猶隔日瘧者。須陀洹人。見惑已斷。思惑未除。入無漏觀。便如健人。出觀之時。習染仍在故也。

(癸)二開示二，初現瑞，二正說。(子)今初

爾時世尊，憐愍阿難，及諸會中諸有學者，亦為未來一切眾生，為出世因，作將來眼，以閻浮檀紫金光手，摩阿難頂，即時十方普佛世界，六種震動，微塵如來住世界者，各有寶光，從其頂出，其光同時，於彼世界，來祇陀林，灌如來頂，是諸大眾，（見斯瑞相）得未曾有。

文句：摩阿難頂者，欲就阿難現在身中，顯出無上大佛頂法也。十方如來放頂光同灌佛頂者，顯阿難所具大佛頂法，即一切佛所證頂法，更無差別也。

㊀子二正說二。初諸佛同宣。二釋迦親說。㊀丑今初

於是阿難及諸大眾。俱聞十方微塵如來。異口同音。告阿難言。善哉阿難。汝欲識知俱生無明者。蓋使汝輪轉生死結根。惟汝六根。便是俱生無明。更無他物也。汝復欲知解元以取無上菩提智果者。蓋令汝速證涅槃。二死永亡之安樂。五住究盡之解脫。絕言絕思之寂靜。無生無滅之妙常四德者。亦唯汝六根。所謂無明實性即佛性。幻化空身即法身耳。故更非他物也。

文句。此由阿難別索結元。故直指六根為生死結根。更非他物也。惟其即是生死結根。所以即是菩提常樂。譬如全水成氷。所以全氷是水。又如全巾

成結所以全結是巾耳又復應知此經為阿難輩
一類當機積劫多聞不能即於聞中薦取翻咎多
聞為失故選觀音耳根圓通以對治之觀音亦是
從聞思修入三摩地者何嘗廢聞只不循聲流轉
耳既借根性以顯圓通則以根為法界故曰惟汝
六根更非他物若尋常言萬法惟識則又可云惟
汝六識更非他物或惟汝八識更非他物謂隨八
識流轉隨四智成道總無二體故也又約惟色惟
香等義亦可云惟此六塵更非他物以貪愛則種
種生惱不著則本自太平故也又言根即攝塵識

言識。即攝根塵。言塵。即攝根識。以三法互為緣起。不相離故。以三皆同源。三皆無性故。故曰十方如來。於十八界一一修行。皆得圓滿無上菩提。於其中間。亦無優劣。故天台於三科中。簡去界入。於五陰中。簡前四陰。於識陰中。復簡餘七。但觀現前六識一念。名為灸病得穴。今經於三科中。簡去塵識。於六根中。簡去五根。但以耳根為所觀境。亦可云灸病得穴。乃至陳那等六人。各以一塵為所觀境。即塵塵固非真穴。灸之皆可立愈。然則十八界七大。皆穴也。審得何病。應灸何穴。得其穴則病愈。不得其穴。則病莫能愈。不可謂此是穴。彼非穴也。故二十五聖各說圓通之後。世尊從其五體同放寶光遠灌佛菩薩頂。彼諸如來。亦於五體同放寶光。來灌佛及眾會之頂。豈非顯於通身是穴。通身皆可起病。二十五門無非大佛頂法也哉。

(丑)二釋迦覿說二。初疑問。二答釋。

(寅)今初

阿難雖聞如是法音。心猶未明。稽首白佛。云何令我生死輪迴及證安樂妙常。同是六根。更非他物耶。

文句意謂根塵識三。稱十八界。迷則皆為生死。悟則皆如來藏。何故十方如來。但言生死安樂。惟六根耶。

(寅)二答釋二初長文。二偈頌。

(卯)今初

佛告阿難。根塵同源。具足應云根塵識三同源。以同是如來藏性。不變隨緣。舉體而為根塵識三。是故。根塵識三。隨緣。不變。仍舉體即是如來藏性也。縛脫無二。若了達根塵即是藏性。不橫計根為能取。塵為所取。名之曰脫。脫時亦未嘗斷滅根塵。若不了根塵惟是自心。則橫計根為能取。塵為所取。乃至浮根四塵流逸奔色等。名之曰縛。縛時亦未嘗實有根塵。故無二也。識性虛妄。具足應云根塵識性。一總虛妄。與上文互影畧耳。蓋根塵識之實性。即是如來藏性。如來藏性。不變隨緣。舉體作根塵識。若離根塵識有為之法。別見如來藏無為之法。如離華處別見虛空。故曰猶如空華也。阿難。夫單根不立。蓋由塵以發知根也。單塵不立。蓋因根而有塵相也。相見既無自性。同於交蘆。則中間所發之識。如交蘆中空。又豈有自性哉。是故汝今知見。此二字指真體言。立知。此二字顯示妄本。所謂妄為明覺。因明立所等。即無明之本也。即是非縛而言縛也。即是所結也。即是結元也。知見。此二字指本性言。無見。此二字顯示一心三觀之妙修所謂不隨分別。不循動靜等。斯即涅槃無漏真淨也。即是非脫而言脫也。即是解其所結也。云何於是縛脫之中。更容他物。而為結解之元耶。

(卯)二偈頌二。初頌說法門。二頌歎法門。(辰)初中二。初重頌。二孤起頌。(巳)初又二。初頌近文。顯性以為修本。二頌前文。示修以合妙性。

(午)今初

爾時世尊欲重宣此義而說偈言

真性。此二字乃先標非真非妄之體。即初卷所謂常住真心性淨明體。第二三卷所謂如來藏妙真如性。第四卷所謂性覺妙明本覺明妙。第六卷所謂覺海性澄圓。圓澄覺元妙。乃至第十卷所謂精真妙明本覺圓淨也。有為。指根塵識相有為之法。其體本空。以緣生故。喻如幻事。無為無起滅。不實如空華。無為指根塵識性無為之法。亦復不實。以元無起滅故。喻如空華。次轉釋云。何故有為無為皆空。而不實耶。以言妄顯諸真。乃是對待之法故。妄即是妄。真亦是妄。而同為二妄。所以妙明真性。猶非真與非真云何可是能見之根。及所見之塵耶。須知內根外塵。及中間之識。皆無實性。是故但若交蘆而已。既無實性故。結解同一所因。集解所因者。六根也。而聖凡總無二路。汝試觀彼交蘆中性。謂之曰空。則蘆相宛然。謂之曰有，則中無實體，故空有二俱非。但迷晦此俱非之理，即為無明。發明此俱非之理，便成解脫。蓋真性本自非凡非聖，但迷晦即為縛為結為凡，發明即為脫為解為聖。而凡情不立，聖解亦空，故上頌云：猶非真非真。有為既空，無為亦不實也。

㊀午 二頌前文示修以合妙性

此遠頌前第二決定義中之文，以示修行方便也。承上縛脫雖唯六根，但解結必因次第，故須一門深入，而六解則一亦亡，故得浮塵諸相應念化成無上知覺。是以初下手時，須於六根之中選擇其圓通者，從此入法性流而成正覺，便有日劫相倍之殊也。

㊀巳 二孤起頌

陀那此云執持。上文雖明選根入流，但此六根乃根本識之所執持，而此陀那微細。合轍二乘不能知其元故曰微等覺未能窮其際故曰細此微細**識**之**習氣**指種子也能**成暴流**謂之曰真則是生死根本謂之非真則離是波覓水故說**真非真**皆**恐**人**迷**而執著**我**所以**常不開演**也夫一切根塵識等皆是唯心所現若捨根取塵捨塵取根乃至捨根塵而取識捨六識而獨取第八識等皆是**自心**還**取自心**致使本**非幻**妄之性全體**成幻**妄**法**但使修行之人達一切法即心自性寂然**不**生**取**著則不惟無幻併**無非幻非幻尚**自**不生幻法**復**云何立**譬如空尚不生花豈有生哉然自心取自心亦是重頌知見立知非幻成幻法亦是重頌即無明本不取二字亦是重頌知見無見無非幻等十三字亦是重頌斯即涅槃無漏真淨蓋無非幻是無真無二乘涅槃也無幻是無妄無凡夫生死也無涅槃無生死是名無住處大涅槃惟其孤起而兼重頌故下歎云雜糅精瑩

## (辰) 二頌歎法門

**是名妙蓮華金剛王寶覺如幻三摩提**此三句須作一氣讀之言此三昧名為何等乃是妙蓮華金剛王寶覺如幻三昧也以真性妙理在有為而非有在無為而不無於淨無著於染無汙故名為妙蓮華以般若妙智觸有敗觸無無壞二邊亘得中道不居故名金剛王寶覺以解脫妙行有為亦如幻無為亦如幻二邊亦如幻中道亦如幻故名如幻合此不思議三德成一正定故名三摩提也此即大佛頂首楞嚴王三昧亦即金剛王如幻不思議佛母真三昧種種異名種種取義終無二體故也

**彈指超無學**分證固超破無明故相似亦超伏無明故觀行亦超能圓伏故名字亦超知佛性故

**此阿毘達磨**亦云阿毘曇此翻無比法通則小乘論藏亦得此名非世閒法所能比故別則一乘了義乃當此名非權乘法所能比故

**十方薄伽梵**薄伽梵者佛之嘉號具含六義故存本音一自在二熾盛三端嚴四名稱五吉祥六尊貴也初卷云一門超出妙莊嚴路先門而後路先解而後行也此云

**一路涅槃門**先路而後門先行而後入也前是出

糅 女救切 雜也

生死門此是入涅槃門又迷則本鄉變他國悟則普天皆故鄉迷則出涅槃入生死悟則出生死入涅槃門之與路約義說二體即非二也

(壬)二兼顯六解一亡二初疑請二答示

(癸)初又二初叙益二請疑 (子)今初

如是阿難及諸大衆聞佛如來無上慈誨祇夜伽陀雜糅精瑩妙理清徹心目開明歎未曾有

文句祇夜此云重頌伽陀或云偈此翻孤起亦名諷誦言能詮之祇夜伽陀則雜糅而精瑩所詮之妙理則清淨而了徹故使我等心開目明歎未曾有也

（子）二請疑

阿難合掌頂禮白佛、我今聞佛（一音演唱、沙界齊聞之妙義、斯誠）無遮大悲、（稱）性（清）（發明）淨妙（理）常（住）真（心）實（相）法句、（然）心猶未達、六解一（亦）亡（之）舒結倫次、惟願大慈、再愍斯會、及與將來、施以法音、洗滌沈垢。

文句、此即牒前偈中、解結因次第、六解一亦亡之義而發問也。問端有六、一問六解、二問一亡、三問舒、四問結、五問舒結、各有倫類、六問舒結、各有次序、此隨文便作此列示、若據答中、先答結中次序倫類、次答六解一亡、及解中次序倫類、至文自見、

斂亦整義　攬曾敢切扶也　引伸也　綰烏版切繫

㊀癸 二答示二。初結巾喻迷。二解巾喻悟。㊀子 初

即時如來於師子座。整涅槃僧。斂僧伽梨。攬七寶几引手於几取劫波羅天所奉華巾。於大眾前綰成一結。示阿難言。此名何等。阿難大眾俱白佛言。此名為結。於是如來綰疊華巾又成一結。重問阿難。此名何等。阿難大眾又白佛言。此亦名結。如是倫次綰疊華巾。總成六結。一一結成。皆取手中所成之結。持問阿難。此名何等。阿難大眾。亦復如是次第訓佛。此名為結。佛告阿難。吾初綰巾。汝名為結。此疊華巾。先實一條。第二第三。乃至第六。云何汝曹復名為結。阿難白佛言

緝七入切績則歷切緝績並持縷左右之也

世尊。此寶疊華。因緝績成巾。雖本一體。如我思惟。如來一綰得一結名。若百綰成。終名百結。何況此巾祇有六結。終不至七。亦不停五。云何如來祇許初時一結。第二第三。乃至第六。便不名之為結耶。佛告阿難。此寶華巾。汝知此巾。元止一條。我今六次綰成之時。名有六結。汝須詳審觀察。巾體是同。因結有異。於汝意中以為云何。初綰結成。名為第一。如是乃至第六結生。我今欲將第六結名。還成第一。如是得不。不也。世尊。六結若存。斯第六之名。終非第一。縱我歷劫多生。盡其明辯。如何令是六結紊亂其名。佛言如是。六結各雖不同。循顧本因。

一巾所造。（所謂畢竟同也。）令其雜亂。（以六為一。）終不得成。（所謂畢竟異也。）則汝六根，亦復如是。於畢竟同中，生畢竟異。

文句。此先答其所問結之次序，及倫類也。涅槃僧，此云裏衣，即是下裙。僧伽梨，此云雜碎服，即是大衣。劫波羅，此云時分，即夜摩天也。夫綰結者，取其巾而左右交加，從本向末，以顯次序之義。蓋巾喻本識，綰喻造作名行。綰時必具結想，以喻想陰。綰竟便成一結，以喻六根受陰。結外必有餘巾，以對於結，以喻六根必有所對六塵。兼彼浮根四塵，總名色陰。故知一一根中，皆具五陰。次第重疊而得

鋒。敷容切。釋名。刀其末曰鋒。言若鋒刺之毒

生起幽溪所謂橫中之竪也。總成六結。顯倫類義。謂結雖有六。其類是同。一一皆以次第綰成。然不取六結先後以喻六根。以六根起必同時。無先後故。即是竪中之橫也。

㊀子 二解巾喻悟三。初喻六解一亡。二喻解結由心。三喻解當次第。

㊀丑 初中二。初立喻。二合法。㊀寅 今初

佛告阿難。汝必嫌此六結不成。願樂一成。復云何得。

阿難言。此結若存。是非鋒起。則於無彼此見中。自生此結非彼結。彼結非此結之見。設如來今日。若將六結一總解除。結

利也。荀子王制篇。嘗試之說。鋒起。註。如鋒刃齊起。而難犯矣。



若不生則無彼此。尚不名一中。而六結云何成也。集解。六既融一。一亦斷亡。如解結已。巾亦無用。文句。汝必嫌此等者。言既嫌此六結。而不欲其成。願樂還成一巾。當設何方便乎。

㊁二合法

先因其所明。而直以法合之。答其六解一亡之問。故佛言六解一亡。亦復如是。次更出結元。而喻以狂華也。由汝無始心性狂亂。即所謂性覺必明。妄為明覺。知見妄發。即所謂所妄既立。生汝妄能。發妄不息。勞見發塵。即所謂如是擾亂。相待生勞。乃至引起塵勞煩惱也。如勞目睛。則於空中。見有狂華。於湛精明之中。無因亂起一切世間山河大地。生死涅槃皆即狂勞顛倒華相。生死即華相，故六宜解。涅槃即華相，故一宜亡。生死即華相，故有人空。涅槃即華相，故有法空。

㊀二喻解結由心二。初正顯由心。二指法與勸。

㊁今初

阿難言。此勞同結。云何解除。如來以手將所結之巾。不從原結之處而解。而乃偏掣其左。喻邊見也。問阿難言。如是解不。阿難答言。不也。世尊。旋復以手偏牽右邊。亦喻邊見也。又問阿難。如是解不。阿難答言。不也。世尊。佛告阿難。吾今以手左右各牽。竟不能解。汝設方便。云何能解斯已成之結。阿難白佛言。世尊。此結原在華巾之心。左掣右牽。俱失中道。當於結心而解。即分散矣。佛告阿難。如是如是。若欲除結。當於結心。文句。結心者。中間空處也。妄為明覺所立能生能所相黏結根斯在。如綰巾兩頭。虛妄成結。然雖成結巾體不失。觀其所結。則知所解。蓋結雖似實結心仍空。向此一隙空中下手。結即分散。既可分散。結非實結。是顯人空。結既本空。解亦非解。是顯法空。左右二字。舊喻兩邊者是。有人以喻偏觀根塵。殊未圓妙。且陳那等偏觀六塵。那律等偏觀六根。皆可入道。何必定觀六識。方名結心。須知根塵識三。法爾相黏。皆可稱結。而三皆無性。皆可稱結心本虛也。又結心。即表中義。若約所觀明中。則是顯出根塵識之實性本如來藏。如結中虛惟是巾體。若約所用明中。則是須中道觀。如解結者。須從中間下手。若約所破明中。則知根塵識三。皆無實法。如結無實體。故可解除。

寅 二指法興勸

阿難。我說佛法從因緣生。非取世間和合麤相。蓋前文破除世間因緣戲論習氣影子已無不盡。今方申示佛法因緣深義。故云如來發明世出世法。知其本因。隨所緣出。知其本因者。知一心具足十界性相為因。即如來藏隨緣常不變義。隨所緣出者。隨染淨緣。成十法界所謂隨心應量循業發現。即如來藏不變常隨緣義。如來所說佛法。從因緣生。本即指此圓頓妙理。無奈眾生根性不等。隨類得解。致有藏通別教差別。是故前文須力破耳。如是乃至恒沙界外一滴之雨。亦知頭數。大圓鏡智所照也。現前種種。松直棘曲。鵠白烏玄。皆了元由。十種智力所知也。一切依正。皆是惟心業力所感。舉此二種事。為顯差別妙智。善鑒羣機。所說法要。應須信受故也。是故阿難。隨汝心中選擇六根。根結若除。塵相自滅。亦約阿難須就耳門入道言之。若觀塵者。亦可云塵結若除。根相自滅。若觀識者。亦可云識結若除。根塵自滅。則諸妄銷亡。不真何待。

㊀丑 三喻解當次第

阿難。吾今問汝。此劫波羅巾。六結現前。同時而解。其所縈之結。得同時而除盡不。阿難答言。不也。世尊。是結本以次第綰生。止是片喻，不是全喻，但取六根不得總觀之意，非謂六根成有先後也。今日當須次第而解，六結同一巾體。倫類之義，惟其同體，故入一無妄，六同清淨也。結不同時。次序之義，惟其不同，故須向一門深入也。則結解時，云何同時而得除盡乎。佛言：六根解除，亦復如是。分別俱生二種我執皆斷，名為人空。此根初解，則一解一切解，知無二體，而先得人空。如冶鐵者，麤垢任運先落也。涅槃偏真，名為法執。空性圓明，則不但無六，亦且無一。而成法解脫。解脫法已，雖復人法俱空。而俱空實本不生。非是人法滅，而俱空生。此則一切法不生，不生亦不生。是名菩薩從三摩地得無生法忍。也。此中諦理，非橫非豎。約修證邊，雙照橫豎。言豎義者，人空是真諦現前，法空是俗諦現前，俱空不生是中諦現前。言橫義者，知偏計我執，即空假中，是名人空。知依他法執，即空假中，是名法空。知圓成空理，即空假中，是名俱空不生也。總示因心竟。

(己)二別顯修證五。初阿難請問圓根。二如來垂詢聖衆。三衆聖各説證門。四放光現瑞總印。五佛敕文殊簡擇。(庚)今初

阿難及諸大衆蒙佛開示慧覺圓通。四依解。慧覺圓通有二。一慧覺即發覺初心圓通。即二決定義。圓明通達。了無疑礙。故曰慧覺圓通。即菩提心總相。二即六解一亡。六在則礙而不通。一存則偏而不圓。故六解一亡。菩提心始得圓滿。然此妙義。雖則未證。而心已得無疑惑矣。故一時合掌頂禮雙足而白佛言。我等今日身心皎然。快得無礙。雖復悟知一六亡義。然猶未達圓通本根。世尊。我輩爲境風之飄葉。作聖地之零兒。已非一劫。蓋積劫以來。孤則無師導之慈。露則無自庇之德。乃何心何慮。預佛天倫。如失乳

之皃。忽遇慈母。若復因此師資際會。得達圓通本根。而菩提道成。俾所得前來密言。了知的是自心本具。而還同本悟。則行起解絕。方悟神珠非從外得。乃與未聞無有差別。惟垂大悲。惠我秘密妙莊嚴路。成就如來最後開示。作是語已。五體投地。退藏密機者。不起一念也。冀佛冥授者。因佛敕云。隨汝心中選擇。知佛未必親宣。但所加被冥授而已。

㊖二如來垂詢聖眾

爾時世尊普告眾中諸大菩薩。及諸漏盡大阿羅漢。汝等菩薩及阿羅漢。生我法中。得成無學。吾今問汝。最初發心。悟十八界。誰為圓通。從何方便入三摩地。

文句垂詢聖眾，其故有二：一者正顯方便多門；二者正顯門門各有成驗。所謂要知山下路，須問過來人也。最初發心等者，先開解也。從何方便入三摩地者，依解起行也。二十五聖，雖未必人人先開圓解，而從解起行，自是修證通途軌式。

(庚)三眾聖各說證門。五：初觀六塵；二觀五根；三觀六識；四觀七大；五觀耳根。

(辛)初中六：初陳那觀聲，至六迦葉觀法。

(壬)今初

憍陳那五比丘，即從座起，頂禮佛足，而白佛言：我在鹿苑，及於鷄園，智論云：昔有野火燒林，林中有雉，入水漬羽，以救其焚。後建寺於此，故名雜園觀見如來最初成道說法我於佛音聲悟明四諦佛問比丘惟我最初稱解故如來印我名阿若多妙音密圓我於音聲得阿羅漢佛問圓通如我所證音聲為上

文句六塵圓通色應居首今先明聲塵者此方真教體清淨在音聞且與耳根圓通一始一終互相映故釋此二十五種圓通各為三意一明境有通別二明觀有盈縮三明證有本迹境通別者十法界依正音聲通得為所觀境今言於佛音聲悟明四諦此境別也觀盈縮者佛說苦諦真實是苦不

可令樂集真是因。更無異因。因若滅者。果則必滅。滅苦之道。實是真道。更無異道。此是藏教生滅觀門。一向是縮。若只此四諦音聲。迷則苦集浩然。而音聲之性。本非苦集。悟則道滅宛爾。而音聲之性亦非道滅。所謂音聲性空。四諦皆空。此是通教無生觀門。望藏為盈。望別仍縮。若只此四諦音聲。迷之具成十界苦集。悟之具成十界道滅。所謂分段苦。變易苦。見思集。塵沙無明集。偏真滅。真中滅。一切智道。一切種智道。此是別教無量觀門。望藏通二教為盈。望圓仍縮。若只此四諦音聲。本如來藏。

妙真如性了知如來藏中性音真空性空真音清淨本然周徧法界隨眾生心應所知量或有茫然不解或作生滅四諦解或作無生無量無作四諦解皆是循業發現又只此四諦音聲亦即顯示四種十二緣生亦即顯示四種六度乃至亦即顯示世出世間一切諸法如四諦音聲一切佛法音聲亦復如是如佛法音聲一切十法界依正音聲亦復如是一音聲性一切音聲性一切音聲性一音聲性此是圓教無作觀門乃名為盈也證本迹者鹿苑悟道迹是藏教而妙音密圓正是密悟如來

藏中性音真空性空真音清淨本然周徧法界之義蓋本是圓教大士現作聲聞引物生解今既別爲鈍而仍利一類大機不妨稱本直說正不俟法華方開顯也我於音聲得阿羅漢者悟音聲即如來藏本自不生故得證無生果下皆倣此

壬二沙陀觀色

優波尼沙陀即從座起頂禮佛足而白佛言我亦觀佛最初成道緣我性多貪欲時佛最初成道教我觀不淨相由是生大厭離悟諸色性以從不淨而成白骨從白骨而成微塵從微塵歸於虛空空色二無成無學道如來印我名尼沙陀塵

色既盡妙色密圓我從色相得阿羅漢佛問圓通如我所證色因為上

文句境通別者依正諸塵眼家所對通名為色今觀不淨別在內色悟諸色性以從不淨者所謂五種不淨一生處不淨胎中與糞穢雜處生從尿道而出二種子不淨攬父母精血為體三相不淨從頭至足純是穢物四性不淨根本從穢業生托於穢物長養其性自是不可改變身中共三十六物內有十二名性不淨（皮膚血肉筋脈骨髓肪膏腦膜）外有十二名相不淨（髮毛爪齒眵淚涎唾屎尿垢汗）中有十二通於相性（肝膽腸胃

脾腎心肺生藏熟藏赤痰白痰五究竟不淨業盡報終如朽敗木大小不淨盈流於外體生諸蟲啖食其肉皮肉既盡惟餘白骨等言白骨微塵歸於虛空者明其不淨苦空無常無我耳與外道七分析色之邪計不相侔也空色二無者對色說空色既非真空亦烏有從此會入真諦故成無學也觀盈縮者觀身六分所成所謂地水火風空識無我我所惟是不淨即藏教意觀不淨色如夢如影淨不淨俱不可得即通教意觀此身色能成十法界淨不淨差別因果即別教意觀此身色本如來藏妙真如性如來

藏中性色真空性空真色等即圓教意也證本迹者初云觀不淨相生大厭離迹在藏教次云妙色密圓則密入藏性矣

㊀三香嚴觀香

香嚴童子即從座起頂禮佛足而白佛言我聞如來教我諦觀諸有爲相我時辭佛宴坐晦冥清淨之齋見諸比丘燒沈水香香氣寂然來入鼻中我觀此香氣非生於木若生於木木應自香何藉火焚非生於空若生於空空性常恒香應常在何藉爐爇非生於烟若生於烟則一切木悉皆有香非生於火若生於火應非待木推其去無所著來無所從由是意銷發明無漏如來印我得香嚴

號塵氣倏滅妙香密圓我從香嚴得阿羅漢佛問圓通如我所證香嚴為上

文句境通別者一切依正諸香臭氣鼻家所對通名為香今觸境發悟別在沈水香也觀盈縮者觀此香氣苦空無常即藏教意觀香無生即通教意觀此香塵能成十界因果差別即別教意觀此香塵即如來藏乃至如來藏中性香真空性空真香等即圓教意也證本迹者迹去無所著來無所從得阿羅漢迹在通教妙香密圓悟藏性矣

(壬) 四藥王觀味

藥王藥上二法王子，並在會中五百梵天，即從座起，頂禮佛足，而白佛言，我無始劫為世良醫，口中嘗此娑婆世界草木金石，名數凡有十萬八千，如是悉知苦（如黃柏等）醋（如酸梅等）鹹（如芒硝等）淡（如滑石等）甘（甜如甘草等）辛（如薑桂）等味，並諸（味共成名）和合（味，直爾采用，名）俱生（味，修鍊炮炙，名）變異（味，與夫）是冷是熱，有毒無毒，悉能徧知，承事如來，了知諸味之性（宛然故）非空（無實體性故）非有（不生於舌故）非即身心（無舌不知故）非離身心，分別味因，（蓋藏性是味之本因也）從是開悟，蒙佛如來，印我昆季藥王藥上二菩薩名，今於會中為法王子，因味覺明，位登菩薩，佛問圓通，如我所證，味因為上。

文句境通別者。隨遇一味。其境則別。令徧嘗諸味。其境則通也。觀盈縮者。觀此諸味苦空無常。即藏教意。觀味無生。即通教意。分別無量諸味。乃至具足十界因果。即別教意。味性即如來藏。乃至如來藏中性味真空。性空真味等。即圓教意也。證本迹者。初為良醫。以此行菩薩道。似屬藏教。或是別教初心。承事如來。了知味性。非空非有等。則本迹俱圓矣。

(壬)五賢護觀觸

跋陀婆羅。此云賢護。亦云賢首。並其同伴十六開士。即從座起頂禮佛足。而白佛言。我等先於威音王佛。聞法出家。於浴僧時。隨例入室。忽悟水因。言水因者。即觸塵也。因水有觸。故名水因。又推用水洗身之因。名為水因。既不洗塵。若云洗塵。無體則誰知洗者。且何不竟洗地水火風耶。亦不洗體。若云洗體。無塵則安所用洗。且何嘗洗得勝義根乎。展轉推簡。塵體本空。塵體既空。中間所生之識。欲何分別。故安然契乎藏性。得無所有也。宿習無忘。乃至今時。從佛出家。令得無學。彼威音王佛。名我跋陀婆羅。妙觸宣明。成佛子住。佛問圓通。如我所證。觸因為上。

文句。境通別者。一切冷煖痛癢諸塵身家所緣。通名為觸、今於浴室發悟、其境則別觀、盈縮者、觀順觸是壞苦、違觸是苦苦、非順非違觸是行苦、即藏教意、能觸如幻、所觸亦然、即通教意、於一觸塵、出生十界因果差別、即別教意、觸性即如來藏、乃至如來藏中、性觸真空、性空真觸等、即圓教意也、證本迹者、初悟水因、僅在別教十信、已曾仰信中道、故佛名為跋陀婆羅、由其圓解未開、所以謗不輕而久墮、今則仍賴本悟門而證果、證圓住也、

㊀ 六迦葉觀法

摩訶迦葉及紫金光比丘尼等、即從座起、頂禮佛足、

而白佛言。我於往劫。於此娑婆界中。有佛出世。名日月燈。我得親近。聞法修學。佛滅度後。供養舍利。然燈續明。又於毘婆尸佛像法中為金師。有一貧女。捨一金珠。托我捶金塗佛。願生生與我為無情念之夫婦。我時從願。以紫光金塗佛形像。自爾以來。感得九十一劫同生天上。世世生生。身常圓滿紫金光聚之相。此紫金光比丘尼等。即我眷屬。同時發心。我觀世間六塵變壞。唯以空寂修於滅盡。身心乃能度百千劫。猶如彈指之頃。我以空法。成阿羅漢。世尊說我頭陀為最。妙法開明。銷滅諸漏。佛問圓通。如我所證。法因為上。

文句。摩訶迦葉。此云大飲光。我於往劫下。先敘緣善。我觀世間下。方說修因也。頭陀。此云抖擻。約理即是迴出法塵。應知四教抖擻差別。約事則有十二種行。一阿蘭若。二常乞食。三次第乞。四一食。五節量食。六中後不飲漿。七糞掃衣。八但三衣。九塚間。十樹下。十一露地。十二但坐不卧也。境通別者。通則世出世間一切諸法。凡是意家所緣。皆名為法。別則隨拈一塵生滅影子。並得為境。今觀六塵變壞。唯以空寂修於滅盡。即是借通顯別。別以空法為所觀也。觀盈縮者。由塵變壞。方知空寂。即藏教意。六塵本空。非滅故空。即通教意。分別六塵無量差別空亦不同。即別教意。了知法塵本如來藏。乃至如來藏中。性法真空性空真法等。即圓教意也。證本迹者。觀塵變壞。以空修滅。迹在藏教。妙法開明知如來藏具一切法。則密入圓教矣。

㊀辛 二觀五根。以耳根為此方當機。至後方廣陳之。故今畧明。惟有五人。即分為五。初阿那律觀眼。至五須菩提觀意。

㊀壬 今初

阿那律陀。是佛堂弟。白飯王之子。往昔饑世以一稗飯施辟支佛。感九十一劫天人之中。受如意樂者。即從座起。頂禮佛足。而白佛言。我初出家。常樂睡眠。如來訶云。咄咄胡為睡。螺螄蚌蛤類。一睡一千年。不聞佛名字。如是訶我為畜生類。我聞佛訶。啼泣自責。於是七日曉夜不眠。眠以睡為食。因不睡故。失其雙目。世尊示我樂見照明金剛三昧。我不因肉眼。自能觀見此大千之一方界相。精真洞然。如觀掌果。如來印我成阿羅漢。佛問圓通。如我所證。旋見循元。斯為第一。

文句。阿那律陀。此云無貧。亦云如意。境通別者。見暗見明見通見塞。通名為見。今既失目。別觀見暗之時。見非是暗。以達性無虧損也。樂見照明者。如是見性。是心非眼。故雖盲而不失也。金剛者。性不可壞也。三昧者。依性成修也。觀盈縮者。緣見因明。

暗無所見、則知眼入無常無我、即藏教意、明暗如幻、能見亦然、即通教意、五眼差別、分對十界、即別教意、目入即如來藏、如來藏中、性見覺明、覺精明見、乃至循業發現、即圓教意、證本迹者、成阿羅漢、迹在通教、而所示三昧、本屬圓宗、旋見者、不流逸奔色、除於根結也、循元者、悟眼入本如來藏也、

㊁二繼道觀鼻、

周利槃特迦、即從座起、頂禮佛足、而白佛言、我闕誦持、無多聞性、最初值佛、聞法出家、憶持如來一句伽陀、於一百日、得前（半句）、遺後（半句）、得後（半句）、遺前（半句、不得成熟）、佛

愍我愚教我安居調出入鼻息以攝心所謂一息不存道將安契我時觀息由心息相依故心漸微而息亦漸細於息微細處又窮盡其一出入皆是一生住異滅乃至推窮諸行一念之中復具九十剎那一剎那中復具九百生滅如此既久其心豁然得大無礙乃至漏盡成阿羅漢住佛座下印成無學佛問圓通如我所證反息循空斯為第一

文句周利槃特迦此云繼道按西域風俗凡女人臨盆之月必歸母舍以歸不及家於中路而產故以名之亦云小路無多聞性者往昔曾為三藏法師由慳法故今招此報所誦伽陀根本律中載之

偈曰身語意業不造惡不惱世間諸有情正念觀知欲境空無益之苦當遠離調出入息有似十六特勝所謂安那般那三昧息出知出息入知入等由其愚癡無智故令於此鼻息了了常知可以破愚暗也境通別者領納香臭通名鼻入今不取知香知臭但調出入其境則別也觀盈縮者此息無常無我不淨苦空即藏教意此息出無所去入無來處即通教意觀此鼻入具足十界差別因果不同即別教意鼻入即如來藏如來藏中性齅覺明覺精明齅等即圓教意證本迹者觀息微細迹在

藏教。返息循空。悟其本如來藏。亦密入圓住矣。

㊀三牛呞觀舌

憍梵鉢提。此云牛呞。即從座起。頂禮佛足。而白佛言。我有口業。於過去劫。輕弄沙門。昔曾見老僧無齒而食。笑其似牛。遂感世世生生。有牛呞病。如來賜我數珠。令常念佛。並示我一味清淨心地法門。我得滅心。滅其知味之心。而入三摩地。也觀味之知非體者。非生於舌也。非物者。非生於物也。具如第三卷破舌入中廣明。由悟非體故應念得超世間諸漏。内脫身心。由悟非物故。外遺世界。遠離三有如鳥出籠。離垢銷塵。法眼清淨。成阿羅漢。如來親印登無學道。佛問圓通。如我所證。還味旋知。斯為第

一、

文句境通別者、知淡知甜、乃至知苦、通名舌根、今尒反觀知淡之時、知非是淡、乃至知苦之時、知非是苦等、所謂無味之味、亦是味中上味、以其不流逸而奔味、故名一味清淨心地法門、此境別也、觀盈縮者、觀此舌入無常無我、即藏教意、舌入即空、是通教意、舌入出生十界因果、是別教意、舌入即如來藏、如來藏中、性嘗覺明、覺精明嘗等、是圓教意也、證本迹者、非體非物、迹在通教、還味旋知、悟入藏性矣、

## ㊁四餘習觀身

畢陵伽婆蹉。此云餘習。呼河神為婢子。以其多慢習。故谷響集鈔云。過恒河水。罵河神小婢。駐流。河遂為兩派。神怒往訴於佛。佛。如來即呼彼向神懺悔。即合掌云。小婢莫瞋。大眾笑其懺而更罵。佛言本性如是。實無高心。習氣使然。即從座起。頂禮佛足而白佛言。我初發心。從佛入道。數聞如來說諸世間。不可樂事。乞食城中。心思法門。不覺路中毒刺傷足。舉身疼痛。我念有知。知此深痛。雖此知覺能覺於痛。而覺清淨心。依然如故。曾無有痛。能痛著覺。此覺者。蓋設使此覺為痛所痛。則覺已成痛。誰知痛者。今既能覺於痛。則覺本未嘗痛也。我又思惟。如是一身。寧有雙覺。二受痛。一無痛哉。攝念未久。身心忽空。三七日中。諸漏虛盡。成阿羅漢。

得親印記。發明無學。佛問圓通。如我所證。不惟覺本是覺。而且痛亦是覺。故曰純覺。不惟痛本無痛。而且身本無身。故曰遺身。斯為第一。

文句。境通別者。覺痛。覺癢。覺寒。覺熱。通名身入。今因毒刺傷足。別以痛覺為境也。觀盈縮者。觀覺痛覺癢等覺。皆是無常。無我。即藏教意。所覺如幻。能覺亦然。即通教意。由此身入。能成十界因果。即別教意。身入即如來藏。如來藏中。性覺覺明。覺精明覺等。即圓教意也。證本迹者。身心忽空。迹在通教。純覺遺身。悟入藏性矣。

㊀ 五須菩提觀意

須菩提。此云空生。亦名善現。即從座起。頂禮佛足。而白佛言。我曠劫來。心得無礙。自憶受生。如恒河沙。之多。俱能了知。初在母胎。即知空寂。內了母腹之空。能納己識。如是乃至。外了十方成空。能容母身。自了依正之空。亦令眾生。證得空性。雖得空性。還未斷結。蒙如來發明性覺真空。空性圓明。得阿羅漢。頓入如來寶明空海。同佛知見。印成無學。解脫性空。我為無上。佛問圓通。如我所證。諸相入非。非非所非。盡旋法歸無。斯為第一。

文句境通別者。知善知惡。知有知空等。別別皆名意入。今知空寂。即是覺於此覺知性。不在內外中聞諸處，亦復生無所從，滅無所去，其境通也。自憶受生如恒河沙者，以生住異滅，吸習中歸，名意知根，久成此觀，故多劫受生，皆能憶也。觀盈縮者，此意念念生滅，無常無我，即藏教意。此意即空，是通教意。此意出生十界因果，是別教意。意入即如來藏，如來藏中性知覺明，覺精明知等，是圓教意也。證本迹者，空性圓明，得阿羅漢，迹在通教，同佛知見，悟藏性也。諸相入非等者，了知寤寐生滅等相，全體虛妄，皆入於非。非而能非之心，與所非之相，俱盡，旋此心法，以歸無性，無性之性，即是如來藏性也。

（辛）三觀六識六。初舍利觀眼識。至六目連觀意識。

（壬）今初

舍利弗。即從座起。頂禮佛足。而白佛言。我曠劫來。心見。（即指眼識。不於色塵而起惑染。故名）清淨。如是受生。如恒河沙。（之多。）世出世間種種變化。（以染因緣故。則有世間種種變化。以淨因緣故。則有出世種種變化。）一見則通。獲無障礙。（由其眼識清淨。所以現量而知。此其夙習。或在觀行及相似位。）憶（昔）我於中路。逢迦葉波兄弟相逐。（迦葉波兄弟有三。一優樓頻螺迦葉。二伽耶迦葉。三那提迦葉。）宣說因緣（所生法。我說即是空。亦名為假名。亦名中道義。）悟心無（有邊）際。從佛出家。見覺明圓。得大無畏。成阿羅漢。

為佛長子。溫陵曰：身子智慧第一，聲德俱長，故稱長子。從佛口生，從法化生。佛問圓通，如我所證，心見發光，光極知見，斯為第一。

文句：境通別者，隨其所見而生分別，其境則別，令世出世間種種變化，一見則通，其境通也。觀盈縮者，眼識是因緣所生，無常無我，即藏教意；因緣即空，是通教意；因緣假名，出生十界因果，是別教意；因緣即中，眼識本如來藏，如來藏中性識明知，覺明真識等，是圓教意也。證本迹者，宣說因緣，悟心無際，迹是通教見地，本乃圓悟藏性也。不以眼為界。不以色為界。非因非緣。亦非自然。直是如來藏性。妙覺湛然。徧周法界。故云光極知見。

㊀二普賢觀耳識

普賢菩薩。攜李曰。行彌法界曰普。位隣極聖曰賢。此非地前之賢。乃金剛喻定居衆伏之頂。名之曰賢。即從座起。頂禮佛足。而白佛言。我已曾與恒沙如來為法王子。十方如來教其弟子。具菩薩根者。修普賢行。皆從我立名。世尊我用心聞。分別衆生所有知見。若於他方恒沙界外。有一衆生。心中發明普賢行者。我於爾時乘六牙象。分身百千。皆至其處。縱彼障深。未得見我。我與其人。暗中摩頂。擁護安慰。令其成就（普賢行願。）佛問圓通。我說本因。（唯從心聞發明藏性。）分別自在。斯為第一。

文句。我已曾與等文。先敘果上大用。佛問圓通。已下。方出修證本因。心聞。即指耳識。由觀耳識。發明如來藏性。故得大用現前。分別自在也。境通別者。隨其所聞。而生分別。其境則別。觀於心聞。其境則通。觀盈縮。例如眼識中說。證則本迹俱圓。

㊀ 三豔喜觀鼻識

孫陀羅難陀。即從座起。頂禮佛足。而白佛言。我初出家。從佛入道。雖具戒律。於三摩地。心常散動。未獲無漏。世尊教我及拘絺羅。觀鼻端白。我初諦觀。經三七日。見鼻中之氣息。出入如烟。身心內明。圓滿洞徹世界。徧成虛淨。猶如瑠璃。煙相漸消。鼻息成白。心開漏盡。諸出入息。化為光明。照十方界。得阿羅漢。世尊記我當得菩提。佛問圓通。我以消息。息久發明。明圓滅漏。斯為第一。

文句。孫陀羅。此云豔。難陀。此云喜。以妻彰名也。境通別者。分別香臭諸氣。通名鼻識。此識本無色質可見。但依鼻識而造諸惡。名為黑業。攝鼻識而制心一處。名為白業。故令觀鼻端白。以攝散心。別是一種權巧法門也。此與通明禪觀相似，觀之盈縮。亦如眼識中說，證本迹者，出入如煙，迹在通教性地，鼻息成白，迹在見地，得阿羅漢，是已辦地，記得菩提，當是方等般若中記，息久發明，明圓滅漏，所謂鼻識即如來藏妙覺湛然等也。

㊀四滿慈觀舌識

富樓那彌多羅尼子，即從座起，頂禮佛足，而白佛言，我曠劫來，辯才無礙，宣說苦空，深達實相，如是乃至恒沙如來，秘密法門，我於眾中，微妙開示，得無所畏，世尊，知我有大辯才，以音聲輪，教我發揚，

四教 皆通 達，嘗 宣說

我於佛前助佛轉輪因宣法音如師子吼成阿羅漢世尊印我說法無上佛問圓通我以法音降伏魔怨銷滅諸漏斯為第一

文句境通別者舌根有二功能一嘗味二語言舌識亦有二種功能一分別諸味二具足四辯所謂法無礙辯義無礙辯辭無礙辯樂說無礙辯皆是清淨舌識與同時意識之力具足種種名句法味令不取分別諸味乃取無礙辯才其境別也觀盈縮者依於舌識四無礙辯宣說苦空即藏教意宣說三乘共實相即通教意宣說出二諦外之實相

即别教意深達一切無非實相即圓教意也證本迹者因師子吼成阿羅漢迹是通教以不離文字説解脱故法音降伏魔怨等者以生滅無生二種法音降界内四魔消滅見思諸漏以無量無作二種法音降界外四魔消滅塵沙無明諸漏當知本地甚深遠矣

(壬)五波離觀身識

優波離即從座起頂禮佛足而白佛言我親隨佛踰城出家親觀如來六年勤苦親見如來降伏諸魔制諸外道解脱世間貪欲諸漏承佛教戒如是乃至三

千威儀八萬微細之行性業遮業悉皆清淨身心寂滅成阿羅漢我是如來眾中綱紀佛親印我以心持戒以戒修身眾推為上佛問圓通我以戒律執身身得自在次第執心心得通達然後身心一切通利斯為第一

文句優波離此云上首或云近執隨佛踰城處處說是闡陀今優波離敘此緣起恐是隨機不同示現各別也境通別者分別違順俱非諸觸通名身識今持戒檢身別緣違情之境言三千威儀者行住坐卧各二百五十戒共成一千以對三聚即成三千言八萬微細者以三千威儀歷身口七支共

成二萬一千約貪分瞋分癡分等分煩惱以論對治故有八萬四千今特舉大數耳言性業者無論受與不受犯之法爾有罪如殺盜邪婬妄語等是也言遮業者佛為行人既遮制後犯則有罪如飲酒及非時食等是也觀盈縮者通途觀於身識倒如眼識中說別就持戒論於觀門若依此戒滅惡生善次第成就定共道共即藏教意惡既性空善亦非有所持如幻能持亦然是通教意於一戒品出生十界種種因果是別教意戒為法界一切法趣戒是趣不過即圓教意也證本迹者執身是律

儀戒執心是定共道共戒迹在藏教而身心一切通利則密悟如來藏性所謂清淨法身常住真心矣

(壬) 六目連觀意識

大目犍連即從座起頂禮佛足而白佛言我初於路乞食逢遇優樓頻螺伽耶那提三迦葉波宣說如來因緣深義我（聞）頓（悟）發（明）心（也）得大通達如來惠我袈裟著身鬚髮自落（律中佛呼善來比丘其人袈裟自然著身而鬚髮自然墮落也）我遊十方得無罣礙神通發明推為無上成阿羅漢寧惟世尊（歎我神力即）十方如來（亦）歎我之神力圓明清

淨自在無畏、佛問圓通、我以旋意識而歸妙湛、心光發宣、如澄濁流、久成清瑩、斯為第一、

文句、優樓頻螺、此云木瓜癃、伽耶、山名、亦城名、此云象頭、那提、河名、兄弟三人、皆先事火、後受佛化、為常隨眾者也、境通別者、善識、惡識、及無記識、或緣過去、或緣現在、未來、或緣現量、或緣比量、非量、隨其所起介爾之心、皆得為所觀境、是名為別、今但云旋湛、其境通也、觀盈縮者、觀此意識、是因緣所生、無常、無我、即藏教意、觀此意識、不自生、不他生、不共生、不無因生、因緣即空、是通教意、觀此意

識因緣假名能成十界種種因果是別教意觀此
意識本如來藏如來藏中性識明知覺明真識妙
覺湛然徧周法界含吐十虛寧有方所循業發現
即圓教意也證本迹者我頓發心得大通達謂了
知正因緣境不隨分別邪見發得本有無漏真明
迹在通教見地神名天心通名慧性天然之性照
徹無礙成阿羅漢迹在已辦而圓明清淨自在無
畏是密入藏性也如澄濁流久成清瑩者以五疊
渾濁唯是五陰五陰根由唯是妄想故此第六意
識名為功首罪魁是故二十五種圓通所觀之境

雖別能觀之智是同、若不依此第六識心、以為妙觀察智、何由成辦大菩提果、當知澄濁成清此為關要、所以圓頓止觀、立此為境、名為去丈就尺、去尺就寸、譬如伐樹得根、炙病得穴也、而後世漫言首破六識、是誤認緣影以為六識、豈知性識明知、覺明真識、全妄即真者耶、

㊇辛 四觀七大為七、初火頭觀火大、至七勢至觀根大、

㊇壬 今初

烏芻瑟摩、歸宗曰、此云火頭、觀火性得道、因之為名、以火頭金剛、示現執金剛神、衛護侍從、故不設本座、於如來前、合掌頂禮佛之雙足、而白佛言、我常

先憶久遠劫前、性多貪欲、有佛出世、名曰空王、說多婬人、成猛火聚、教我徧觀百骸四肢、諸冷煖氣、神光內凝、化多婬心（欲之火）、成智慧火、從是諸佛皆呼召我名為火頭（以我頭上現火焰之相、作降魔勢、因此發願、誓為金剛、故）我以火光三昧（功）力（之）故（斷見思惑、燒煩惱薪、貪欲漏盡）成阿羅漢、心發大願、諸佛成道、我為力士、親伏魔怨、佛問圓通、我以諦觀身心煖觸（即空、故云）無礙（性火妙發、故曰）流通、諸漏既銷（內凝外現、故）生大寶燄、登無上覺、斯為第一、

文句、七大之首、應先地大、今先火大、亦為對治生死根本故也、境通別者、十法界內火、外火、通名火

大。今觀凡夫身內婬火。此境別也。觀盈縮者。觀此婬火。苦惱不淨。是藏教意。觀此婬火。緣生即空。是通教意。觀此婬火。因緣假名。能成十界諸因果法。是別教意。觀此婬火。即如來藏性火真空性空真火。隨心應量。循業發現。是圓教意也。證本迹者。火光三昧。成阿羅漢。是通教體法觀門。心發大願。則接入圓教矣。

(壬)二持地觀地大

持地菩薩。即從座起。頂禮佛足。而白佛言。我念往昔普光如來。出現於世。我為比丘。常於一切緊要諸路

磽 口交切玉篇堅硬也

窪 烏瓜切篇海低也

洫 呼臭切田閒水道也

闤 胡關切

闠 胡對切

關津渡口。此皆舟車必由之處其或低田磽地。路側紆危之險。崖岸坡塘之隘。或隆或窪有不如法。妨損車輪馬蹄顛蹟之患。我皆高者平之。窪者填之或水迴旋而成斷岸者。則布作橋梁。或地遷移而變溝洫者。則負填沙土。如是勤苦。經無量佛出現於世。或有眾生。於市垣之闤處。市門之闠處要人擎物。我先為擎至其所詣。放物即行。不取其直。毘舍浮佛現在世時。世多饑無飯食。荒無萊食之時。我為擔負力人。無問遠近。唯取一錢。以資身命。或有車牛被於泥溺。我有神力。為其推輪。拔其苦惱。時國大王。延佛設齋。我於爾時平地待佛。毘舍如來摩頂謂我。當平心地。心地若平。則世界地。一切皆平。我聞佛教。

即時心開見。此身如微塵與外四大所造世界。所有微塵。等無差別。由是返觀微塵自性。空無所有。不相觸摩。乃至刀兵在前。亦無所觸。我於法性悟無生忍。成阿羅漢。迴心今入菩薩位中。聞諸如來。宣妙蓮華佛知見地。我先在會證明。而為上首。佛問圓通。我以諦觀根身器界內外二塵。等無差別。本如來藏。由虛妄而發為大地之塵。妄塵若銷。則真智圓明。成無上道。斯為第一。

文句。毘舍浮。此云徧一切自在。乃莊嚴劫最後佛也。境通別者。內色。外色。通名地大。今初以平地為行。別在外色。後悟當平心地。則內外不二也。觀盈縮者。觀地無常無我等。是藏教意。觀地即空。是通教意。觀地十界假名無量。是別教意。觀地即如來藏性。色真空。性空真色等。是圓教意也。證本迹者。初是藏教事度。後乃圓悟藏性。而云成阿羅漢。迴心令入菩薩位者。只是麤垢先落。心不取證意耳。

㊀三月光觀水大。

月光童子即從座起。頂禮佛足。而白佛言。我憶往昔恒河沙劫。有佛出世。名為水天。教諸菩薩修習水觀。入三摩地。觀於身中（周流）水性。（與外器界水性是同。周旋往復。而彼此）無（相傾）奪。初從（鼻）涕（口）唾（觀之）。如是窮盡津（汗竅）液（氣凝之）精。（周流）

之血大小便利皆在身中旋流往復蓋水之溼性一同次見水性周流身中與世界外浮幢王剎諸香水海等無差別資中曰準華嚴經華藏海中有大蓮華其蓮華中有無量香水海一一香水海各有一華為諸佛剎世界之種華藏世界在香水海中故云浮幢王剎以華藏世界有二十重累高如幢最為高大故稱為王我於是水天佛時初成此觀但見其水此定果色隨心所變未得無身當為比丘室中安禪我有弟子窺窻觀室唯見清水徧在室中此外了無所見童稚無知取一瓦礫投於水內激水作聲顧盼而去我出定後頓覺心痛如舍利弗坐恆河岸渾身是定由宿冤力尚遭違害鬼所掌出定則頭痛佛言汝若無定身當碎壞我自思惟今我已得阿羅漢道久離病緣此有

二意。一大權示現小果。子果二縛俱盡。諸苦不能至。故曰久離病緣。二實行聲聞。子縛既盡。已離未來病緣。果縛猶在。故有病苦也。云何今日。忽生心痛。將無退失四果耶。爾時童子。疾速捷來我前。說如上事。方知心痛者。定中身心受其瓦礫。我則告言。汝更見水。可即開門入此水中。除去瓦礫。童子奉教。後入定時。還復見水。瓦礫宛然。開門除去。我後出定。身質如初。心無痛也。其得定以來。逢無量佛。如是至於山海自在通王如來。方得亡身。即與十方世界諸香水海性水合乎真空。性空真水。打成一片。無二無別。周徧法界。今於如來得童真名。預菩薩大乘會中。佛問圓通。我以水性一味流通。得無生忍。圓滿菩提。斯為第一。

文句境通別者內水外水各可別觀今觀身中水性及香水海其境通也觀盈縮如地大中說證本迹者初成此觀即圓初信至七信位或是別七住位所謂但破見思未破無明雖得六銷猶未亡一故云但見其水未得無身此即以彼清水三昧而為其身不同凡夫有我身見也阿羅漢道約圓七信或別七住對藏通而言之羅漢但有四大不調外感之病無有忽然意外之病故云久離病緣方得亡身等者證圓初住了知性水真空性空真水水與瓦礫皆如來藏俱發俱現惟海惟山故云一

味流通也。

(壬) 四瑠璃光觀風大

瑠璃光法王子。長水疏。具云吠瑠璃。此云遠山寶。遠山。即須彌山也。此寶青色。一切寶皆不可壞。亦非煙燄所能鎔鑄。由觀身心風力所轉。觀成得用。身心洞徹。猶如瑠璃。故以名焉。即從座起。頂禮佛足。而白佛言。我憶往昔。經恒河沙劫。有佛出世。名無量聲。開示菩薩。本覺妙明。元無動靜。觀此世界之依報及眾生身之正報。二報之動。皆是妄緣風力所轉。我於爾時。觀察世界安立。觀察三世之動。四時之序。並皆由風力遷流。更觀身之動止。觀心之動念。未始非風力也。但諸動無二。等無差別耳。我時覺了此羣動性。來無所從。去無所至。十

啾將由切音遒王逸云啾啾鳴聲

方微塵顛倒眾生同一虛妄風力所轉如是乃至三千大千一世界內所有眾生種種言說皆由妄緣風力所轉如一器中貯盛也百蚊蚋乘風展翅啾啾亂鳴於分寸器中鼓發狂鬧於是逢無量聲佛未幾得無生忍爾時心開乃見東方不動佛國為法王子事十方佛身心開發智不動光洞徹諸動無礙即是不動故無礙也佛問圓通我以觀察風力無依悟菩提心入三摩地合十方佛傳一妙心斯為第一

文句境通別者內風外風各可別觀今通以諸動為所觀也觀盈縮亦如地大中說證則本迹俱圓言來無所從去無所至者所謂風大即如來藏性

真常中。求於去來迷悟生死。了無所得也。東方為羣動之首。而有不動佛國。正表動即非動。此動而常寂之理。乃諸佛所傳心法也。

㊀五虛空藏觀空大

虛空藏菩薩。歸宗曰。清涼云。無礙住檀。施等虛空。即金剛寶菩薩。亦虛空藏菩薩別名。蓋以虛空為庫藏。而十方無量阿僧祇世界。所有寶物。衣服。飲食。充足有情故。即從座起。頂禮佛足。而白佛言。我與如來。昔在定光佛所。即已得無邊身。爾時手執四大寶珠。即是觀四大之妙智。照明十方微塵佛剎。化成虛空。即是了知性色真空。性火真空等。又於自心現大圓鏡。即是觀空大之妙智。內放十種微妙寶光。流灌十方盡虛空際。即是了知性空真色，性空真火等，具足十界隨緣之用。諸幢王剎，來入鏡內，涉入我身，身同虛空，不相妨礙。一含一切，一切入一也。身能善入微塵國土，廣行佛事，得大隨順。一切含一，一入一切也。得無邊身，是證法身體大，四珠圓鏡，是表般若相大。身土互入，是明解脫用大。此大神力，由我諦觀四大無依，不過皆是妄想生滅，均與虛空無二，而一切佛國本同。於同發明，得無生忍。佛問圓通，我以觀察虛空無邊，入三摩地，妙力圓明，斯為第一。

文句，此亦先叙果上勝德，次此大神力下，方說修證本因也。境通別者，內空外空，皆可別觀，今通觀也。觀盈縮者，滅色空是藏教意，即色空是通教意，

出二邊空是別教意性覺真空性空真覺是圓教意證則本迹俱圓

㊀六彌勒觀識大

彌勒菩薩（温陵曰具云梅怛利曳那此翻慈氏為慈隆即世悲臻後劫亦名阿逸多此云無能勝即當來龍華教主也）即從座起頂禮佛足而白佛言我憶往昔經微塵劫有佛出世名日月燈明我從彼佛而得出家心重世名好遊族姓爾時世尊教我修習唯心識定入三摩地歷劫已來以此三昧（承）事恒沙（諸）佛（而後）求世名心（始得）歇滅無（復）有（生）至然燈佛出現於世我乃得成無上妙圓識心三昧乃至盡（虛）空（界所有）如

來國土淨穢有無皆是我之心識變化所現世尊我了知如是一切唯心萬法唯識故識性流出無量如來今得授記次補佛處佛問圓通我以諦觀十方唯識識心圓明入圓成實遠離依他及徧計執得無生忍斯為第一

文句境通別者六種轉識各可別觀如前六識圓通所明第八藏識初心決不能觀以其行相難了知故今云修習惟心識定通以六識為所觀境兼復進觀八識蓋由不達現前所緣六塵性是六識自家相分妄於心外取境所以心重世名好遊族

姓。今令諦觀眼所緣緣。決定不離眼識。乃至意所緣緣。決定不離意識。次觀根身器界。諸本質境。亦決不離根本藏識。則識心之外。更無少許實法可得。何所可重。何所可好。故得求世名心。歇滅無有也。觀盈縮者。觀六種識。皆是因緣所生。無常無我。即藏教意。緣生即空。是通教意。依根本識出生十界染淨因果。即別教意。六識皆如來藏。如來藏中。性識明 知。覺明真識。妙覺湛然。徧周法界。含吐十虛。寧有方所。循業發現。故有十界染淨諸識不同。一一識性。還復互徧互具。不可思議。是圓教意也。

證本迹者，初修此定，迹在別教，得成無上妙圓識心三昧，即是初歡喜地，通達之位，此則證道同圓。是故了知一切唯識，乃至四土、三身，皆是識性變化流出，所謂心、佛、衆生，三無差別，互攝互含，不可思議。有云只須消歸自己，不必以他佛他土為言者，未達自他不二之體故也。圓成實者，了知此見及緣，元是菩提妙淨明體，如了繩即麻。依他執者，本是妙明無上菩提淨圓真心，妄為色空及與聞見，如麻上見繩。徧計執者，以攀緣心而為自性，妄計實我實法，如繩上計蛇。今既識心圓明，入圓成實則依他徧計二執，不期遠離而自遠離矣。

㊓七勢至觀根大

大勢至法王子，與其同倫五十二菩薩，即從座起，頂禮佛足，而白佛言，我憶往昔恒河沙劫，有佛出世，名無量光，十二如來，相繼一劫。按圓通疏初名無量光，二名無邊光，三名無礙光，四名無對光，五名大燄光，六名清淨光，七名歡喜光，八名智慧光，九名不斷光，十名難思光，十一名無稱光，其最後佛，名超日月光，彼佛教我念佛三昧，譬如有人，一人專為憶念，一人專為遺忘，如是二人，故有若逢不逢，或見非見。以一憶一忘故，假令二人相憶，二憶念深，則常逢常見，如是乃至從生至生，生生世世，同於形影，之相隨，豈復有或逢不逢，或見不見。各相乖異。十方如來。憐念眾生。如母憶子。若子逃逝。無少憶母之心。母雖憶子。何能為哉。子若憶母。如母憶子之時。母子歷生不相違遠。若眾生。專心憶佛念佛。緣念若深。現前見佛。緣念若淺。當來必定見佛。心若專一。去佛不遠。不假方便。自得心開。如染香人。身有香氣。此則名曰香光莊嚴。我本因地。以念佛心。入無生忍。今於此界。攝念佛人。歸於淨土。佛問圓通。我無選擇。都攝六根。淨念相繼。得三摩地。斯為第一。

文句。七大次第先根後識。今識大後。方明根大者。以此念佛三昧。亦逗此方機宜。末世眾生。須依念佛得度、又四種三昧、同名念佛、念佛三昧、名為三昧中王、能攝一切三昧故也、十六觀經云、但見此菩薩一毛孔光、即見十方無量諸佛淨妙光明、是故號此菩薩名無邊光、以智慧光普照一切、令離三塗、得無上力、是故號此菩薩名大勢至、釋此圓通、亦為三意、一明境通別者、別則隨舉一根、皆得為所觀境、如那律等五人、及下文觀音大士、是也、今云都攝六根、其境則通、依此六根而修念佛三昧、復有三種不同、一者惟念自佛、二者惟念他佛、三者自他俱念、若惟念自佛、則與二十四種圓通是同惟須一重能所。所謂以六根為所觀。以妙觀察智相應心品為能觀。如央掘經云。所謂彼眼根。於諸如來常具足無減修。了了分明見。乃至彼意根。於諸如來常具足無減修。了了分明知等。此則該攝一切諸教。一切禪宗直指法門。罄無不盡也。若惟念他佛。則與二十四種圓通有別。須知兩重能所。所謂妙觀察智為能觀。六根為所觀。六根為能念。諸佛果德為所念。由第六識夾持六根。專注佛境。俾眼所見。無非佛色。耳所聞。無非佛聲。鼻所齅。無非佛香。舌所宣。無非佛號。身所對。無非佛境。

意所緣。無非佛法。此則該攝彌陀藥師上生等經。及蓮社事想法門。罄無不盡也。若自他俱念。則與二十四聖圓通。同而復別。先須開圓頓解。了知心佛衆生三無差別。自他本自不二。乃託他佛以顯本性。故應佛顯。知本性明。託外義成。惟心觀立。此則開圓解處。與諸聖同。托他佛處。與諸聖異。十六觀經所謂勝異方便。今文所謂不假方便。自得心開。由其方便最為勝異。故更不假餘方便也。二明觀盈縮者。通途教觀具如前文五根中說。今明念佛三昧。亦有四教不同。一一教中。亦復各有念自。

念他自他俱念三種差別藏教三者觀此六根無我我所證入滅諦涅槃名念自佛以此六根緣佛三十二相八十種好滅罪生福成出世因名念他佛緣想佛境攝我六根為欲淨諸戒品生定發慧現證果故名自他俱念也通教三者觀此六根當體即空非滅故空名念自佛六根如幻佛身亦然以如幻根緣如幻佛滅如幻罪生如幻福乃至得證如幻涅槃名念他佛所念能念無二幻故托如幻境成如幻觀名自他俱念也別教三者觀此六根依無明有斷無明故九界六根得滅佛界六根

得成名、念自佛、正因佛性、雖復理同、我無緣了、諸佛已具、緣念諸佛、果中勝德、不生疲厭、名念他佛、我與諸佛、三因平等、諸佛圓證、我今在迷、先念化身佛、助我緣因、次念報身佛、助我了因、後念法身佛、顯我正因、名自他俱念也、圓教三者、六根皆如來藏、如來藏中、性見覺明、覺精明見、如一見根、見周法界、聞齅覺知、亦復如是、妙德瑩然、周徧法界、是念自佛、觀一佛身、即是一切諸佛之身、觀一相好、即是一切相好之海、稱一佛名、即是一切諸佛之名、觀一法門、即是一切微妙法門、觀於佛土一塵一法，即是一切諸塵諸法，見一色身，即是圓見法報化身，瞻一影像，即是如來三身實相，名念他佛，諸佛乃衆生心內之佛，衆生乃諸佛心內衆生，觀身實相，觀佛亦然，全縣性具三德，成彼諸佛果上三身，觀彼諸佛果上三身，即發自心本有三智，名自他俱念也，三明證本迹者，自行則本迹俱圓，化他則四教俱用，還須先約三種念佛，以釋今文，次明四種淨土，以彰能攝，約念他佛釋今文者，一專為憶，即指十方如來，一人專忘，即指迷倒衆生，佛常逢見衆生，衆生常不逢見諸佛，故云若逢不逢。或見非見。次喻佛憶眾生。更與尋常憶念不同。直如慈母憶子。子今憶母。亦須如母憶子。方得歷生不相違遠。憶者恒審思量。念者注心一境。憶念若深。則有現前即見佛者。如遠公三見聖相之類。是也。亦有當來乃見佛者。如臨終佛迎。乃至華開見佛之類。是也。不惟得見果佛。亦去果佛不遠。如經所明。不退菩提。多有一生補處。是也。不假方便。謂即以念佛為第一勝異方便。非餘一切方便所可及也。香喻諸佛果德。染香人身有香氣等。喻攬果成因。因能克果也。約念自佛釋今文者。一專為憶、以喻本覺之性、隨諸衆生流轉五道、不相暫離、一人專忘、以喻始覺在無明時、念念背覺合塵、始本不離、故若逢始本不合、故不逢、本即在始、故或見、始恒迷本、故非見也、十方如來、即指衆生本覺之性、元自竪窮橫徧、能生始覺、喻之如母、始覺在無明時、全體從本覺起、而違背本覺、喻以如子逃逝也、現前見佛、是圓初住、親見本覺法身、當來見佛、是圓五品、六根相似、見於本覺、去佛不遠、謂去自心妙覺極果不遠、不假方便、謂不假諸餘方便、非謂念自心佛、不是勝妙方便也、香喻本覺理性、

染香人身有香氣喻無明熏變成始覺也約自他
俱念例此可知次明四種淨土以彰能攝者所謂
凡聖同居淨土方便有餘淨土實報無障礙淨土
常寂光淨土也今以藏通二教念他佛念自他佛
二種三昧攝歸同居方便二種淨土謂藏七賢通
乾慧性地皆歸同居淨藏四果通見地已上皆歸
方便淨也以別教二種念佛三昧攝歸同居方便
實報三種淨土十信位歸同居淨十住十行十迴
向位歸方便淨十地證道同圓由念他佛之力歸
實報淨也以圓教二種念佛三昧攝歸四種淨土

五品位。歸同居淨。十信位。歸方便淨。初住去。歸實報淨。亦復分證寂光。妙覺位。歸於究竟寂光淨也。若夫單念自佛。則通教已辦地上。能歸方便淨土。乾慧性地。不能歸同居淨土。藏教一總不能。圓教能歸實報寂光二種淨土。別教不能。又圓教但念自佛者。但能豎入上三淨土。不能橫超西方淨土。又單念自佛。則是諸聖所同。不顯此門獨妙。又單被四教利根。不能普被四教三根。故非勢至化他之本旨也。問曰。但念他佛。得非心外取境耶。答曰圓人熾然但念他佛。了知他佛不離自心。權乘縱未了達自心究竟心外決無別佛。故此念佛三昧。若迷若悟。皆可共遵。迷者遵之。則不假方便。自得心開。悟者遵之。則自他不二。始覺合本矣。名為三昧中王。不亦宜乎。

大佛頂如來密因修證了義諸菩薩萬行首楞嚴經易知錄卷第五 終

包氏蓮青助刻印洋壹佰元正

國家圖書館出版品預行編目資料

楞嚴經易知錄 / 默庵法師著. -- 初版. -- 新北市：
華夏出版有限公司, 2024.05
冊； 公分. --（圓明書房；060-061）
ISBN 978-626-7393-47-5（上冊：平裝）. --
ISBN 978-626-7393-48-2（下冊：平裝）
1.CST：密教部

221.94 113003713

圓明書房 060
楞嚴經易知錄（上）

著　　作　默庵法師
出　　版　華夏出版有限公司
220 新北市板橋區縣民大道 3 段 93 巷 30 弄 25 號 1 樓
電話：02-32343788　傳真：02-22234544
E-mail：pftwsdom@ms7.hinet.net
印　　刷　百通科技股份有限公司
電話：02-86926066 傳真：02-86926016
總 經 銷　貿騰發賣股份有限公司
新北市 235 中和區立德街 136 號 6 樓
電話：02-82275988　傳真：02-82275989
網址：www.namode.com
版　　次　2024 年 5 月初版—刷
特　　價　新臺幣 850 元（缺頁或破損的書，請寄回更換）

ISBN：978-626-7393-47-5